exquisite corpse

Schriften zu Ästhetik, Intermedialität und Moderne

BAND 9

In Verbindung mit

Lorenz Aggermann (Bern) – Marie-Claire Dangerfield (Dublin) – Alexander Edelhofer (Wien) – Thomas Edlinger (Wien) – David Fine (San Francisco) – Günther Friesinger (Wien) – Jack Hauser (Wien) – Karin Kaltenbrunner (Wien) – Deborah Kindermann-Zeilinger (Wien) – Günter Krenn (Wien) – Kathrin Kuna (Berlin) – Helena Langewitz (Basel) – Tina Lorenz (München) – Camille R. Meyer (Boston) – Stefanie Populorum (Wien) – Uwe Schütte (Birmingham) – Christian Stiegler (Wien) – Jörg Vogeltanz (Graz) – Ines Wagner (Wien) – Matthias Wittmann (Basel) – Sabina C. Zeithammer (Wien) – Barbara Zeman (Wien)

HERAUSGEGEBEN VON
THOMAS BALLHAUSEN

CARL WEISSNER

DIE ABENTEUER VON
TRASHMAN

NEW YORKER NACHTJOURNAL 1968

MILENA Verlag

Das Buch
Nach dem Überraschungserfolg seines Romans »Manhattan Muffdiver« (Milena, 2010) lässt Carl Weissner sein New Yorker Nachtjournal aus dem Umbruchsjahr 1968 folgen. Es treten auf: Stars aus Warhols Factory; Vietnamkrieger auf Heimaturlaub; Roy Lichtenstein; Guerillakämpfer mit Dynamitstangen; Allen Ginsberg und Ray Bremser (Beat Generation); eine Attentäterin mit einer Beretta Kal.7,65; Al Pacino als radikaler Kabarettist; Ed Sanders (The Fugs), Frank Zappa, William Burroughs, Charles Bukowski. Weissner scheut keine Polemik und keinen Trash-Krimi-Effekt, um das Erlebte und seine Ansichten auf den Punkt zu bringen. Das Ergebnis: Rasante Lektüre. Prosa gegen das Elend der Normalität!

Der Autor
Carl Weissner studierte Amerikanistik an den Universitäten Heidelberg und Bonn, gab Ende der sechziger Jahre eine Underground-Zeitschrift heraus und erforschte mit einem Fulbright-Stipendium die literarische Alternativszene in New York und San Francisco.
Anschließend übersetzte er viele Jahre lang seine amerikanischen und britischen Freunde ins Deutsche: Charles Bukowski, William S. Burroughs, Nelson Algren, Allen Ginsberg, J.G. Ballard.
Bekannt wurde er als einer der wenigen Literaturagenten, die ihre Autoren europaweit vertreten (Bukowski, Paul Bowles, John Fante). Sein letzter englischsprachiger Roman, »Death in Paris«, ist auf der Burroughs-Website www.realitystudio.org zu lesen.

Für Mike

1

Das Lambert Hendricks Ross Hotel in der First Avenue wartete auf sein Urteil: Baufällig? Abriß? Oder was. Wir hausten zu viert in einem Zimmer und verfeuerten Orangenkisten im Kamin. Und Ray stickte fromme Sprüche in Sofakissen, mit zittrigen Fingern, weil er wieder auf Entzug war. »Aim to please, shoot to kill.« Das Sticken hatte er sich im Knast beigebracht. Es war seine Art zu meditieren.

Aufgeputschte Nervensysteme detonierten im Bowery Ballroom. Gebisse quollen aus der Fresse von Zivilfahndern und wurden wieder eingesaugt. Das verdorbene Personal von Max's Kansas City veranstaltete einmal im Monat eine Nacht der reitenden Leichen.

Ray halluzinierte im Stehen und im Liegen. »Thuck it up, mu'fu'...« Der Jazzpoet der Beat Generation, zahnlos. Das gab zu denken.

Den ersten Monat war ich einquartiert bei Gary Yourée (102 East 4th Street), der ein fast fertiges Romanmanuskript auf dem Tisch hatte. Es spielt in Louisiana, und die handelnden Personen sind so heruntergekommen wie ihre Umgebung:

»The old transformer station overgrown with crud and grease.« Das alte Trafohaus überwuchert von Schmant und Schmiere. Oder das da:
Der Sheriff von Lake County hat Schwierigkeiten, das Wort »rape« auszusprechen.
»Der Kerl muß ein gottverdammtes Reptil sein. Mit tausend Saugnäpfen, die funktionieren wie ... Gelee! Petroleum Jelly! Napalm! Wir müssen diese unamerikanische Kreatur ausrotten mit allem was wir haben ...! Hand me that flamethrower, willya, Billy Bob ...«

Das LHR mit seinen dichtenden Junkies, abgemagerten Driftern und gescheiterten Selbständigen, die von der Fürsorge lebten, war als Zwischenstation gedacht, bis Gary's Freundin Margot (einssechsundachtzig, Französin) sich dazu durchringen konnte, zu ihm zu ziehen und mir bei der Harvalt Realty Co. einen Deal für ihr Apartment in der 6th Street zu besorgen.
Bis dahin schrieb ich, getrieben von einem wahnhaften Drang, drei oder vier Anfänge eines, hm, Romans (?), auf Englisch, umgeben von Leuten, die mir Konkurrenz machten und die Meßlatte hochlegten.

Ein Motto für Vietnam: »So viele zu killen und so wenig Zeit.« (An einer Hauswand in der Third Avenue.)
›Buckley's Palazzo‹ nannten sie das Feldlazarett in Danang. Die Verstümmelten unter den Moskitonetzen waren Neun-

zehnjährige, die auf andere Neunzehnjährige geschossen hatten. Man vergißt, daß es auf weite Strecken ein Krieg ist, der unter Teenagern ausgefochten wird.

Ein schwuler Einbeiniger malte psychedelisches Zeug auf die Zeltwand, und jeder warf im Vorübergehen eine Handgranate in die Hütte des Leutnants. Einer wurde erwischt, als er in seiner Seekiste einen 81mm-Mörser samt Munition mit nach Hause nehmen wollte.

Schlaflose Nächte und endlose Tage im Big PX ... Die zwei von der East 4th Street drohen jetzt mit Selbstverbrennung. (Sie sind Buddhisten, und in Hué hat sich ja ein buddhistischer Mönch ...) Der Block ist abgesperrt, die Hydranten werden bewacht, die Bewohner sind evakuiert, das Gas ist abgestellt. Zweihundert Meter Luftlinie vom 9. Revier. Dort hält man es für dringender, den Peace Eye Bookstore von Ed Sanders zu überfallen.

Der Film hat Zigarettenlöcher und die Perforation ist verkleistert mit Rotz und Olivenöl. Er wellt und wirft sich und schnalzt aus der Führung, und auf deiner roten Kunstleder-Banquette im Howard Johnson's reißt es dich nach hinten und oben, und du klebst sekundenlang an der Wand. Ein Experimentalfilm der Kuchar Brothers im Black Gate Theater.

Das Taxi holpert durch die Schlaglöcher der 52. Straße, links und rechts türmen sich die schwarzen Müllsäcke, Blut und

Ruß quillt aus den Kanaldeckeln, die Autos alle zu groß für die Hirne, die drinsitzen, und hinter der Kreuzung an der 6th Avenue klaffen die Teergruben aus dem Tertiär. Und du bist unterwegs zur Premiere von ›2001‹. (»Man, those apes are soo groovy!« …)

LIMBO
CAREFULLY SELECTED
DEAD MAN'S CLOTHING
34 ST. MARK'S PLACE
OPEN 2PM − 9PM

Während der Unterzeichnung eines Gesetzes zur Bekämpfung von Rauschgiftsucht an Schulen bricht es aus Lyndon Johnson heraus:»Die Frauen in diesem Land haben alle Angst vor Tittenkrebs! Die Titten sind ihre beschissene Nemesis! Die Titten, die Titten!« lallt er und stumpt einem Fotoreporter den Zeigefinger an die Brust.

Struppige rote Haare sprießen ihm aus Ohren und Nase, pelziger Schimmel besiedelt seine gespaltene Zunge, die Stimmbänder ringeln sich umeinander, die Augen quellen heraus. Er reißt sich das Hemd aus der Hose und zeigt ihnen seine Operationsnarbe.

Sie hat (dümmster Special Effect des Jahres) die Form von Vietnam.

In Carlos Marighela scheint der Todestrieb Regie zu führen. Wahrscheinlich dauert es nicht mehr lange und der Chef-Comandante der Stadtguerilla von Rio und São Paulo gerät in einen Hinterhalt des Militärs, und es erwischt ihn auf dem Rücksitz eines Volkswagen do Brasil. Chega de saudade, jefe.

Und jetzt Dutschke:»Der städtische Guerillero ist der Organisator schlechthinniger Irregularität als Destruktion des Systems der repressiven Institutionen.« Jesusfuckenchrist. Hoffnungslos.

10. Oktober   Dr. med. Ernesto Guevara de la Serna, 39, hat es noch bis in ein Kaff namens Vallegrande im bolivianischen Hochland geschafft. Motto:»Schafft zwei, drei, viele Vietnams!« Seit gestern abend ist er tot.

Drei Army Ranger bewachen das Waschhaus, in dem er auf einem Betontrog aufgebahrt ist, mit nacktem Oberkörper und offenen Augen. Sie haben Wolldecken um sich gezurrt und lassen einen Joint herumgehen.

1. Ranger: Ich hätt nicht gedacht, daß wir den so leicht kriegen.

2. Ranger: Sechzehn Mann hat er noch bei sich gehabt, und die waren ausgepumpt und halb kirre. Lächerlich.

3. Ranger: Was soll man sagen. Wenn du fällig bist, bist du fällig.

2. Ranger: Der Castro hat ihm zum Abschied wahrschein-

lich nachgerufen: Sieh zu, daß du bald zum Märtyrer wirst, damit wir richtig Propaganda mit dir machen können. 1. Ranger: Und halt dich nicht mit den paar halbverhungerten Mestizen in den Bergen auf. Die sind zu schwach und zu blöd für einen Aufstand. 3. Ranger: Der Capitano sagt, unser Typ da drin hat in jungen Jahren mal inner Leprastation gearbeitet, irgendwo hinter Santa Cruz. 2. Ranger: Du glaubst nicht, wie mir das am Arsch vorbeigeht.

»Con permiso …« Sie stehen auf und machen dem Militärarzt Platz, der hineingeht und der ausgebluteten Leiche durch die Halsschlagader Formalin einpumpt, um die Verwesung aufzuhalten.

SPECIAL MIDNIGHT SCREENING
Monday, Oct. 9 & Saturday, Oct. 14
JACK SMITH
PRESENTS
HORROR AND FANTASY
AT MIDNIGHT
New Cinema Playhouse
120 W 42 Street
(inside the Wurlitzer Bldg.)

Jack Smith, eine habichtnasige Schwuchtel mit einem Faible für 16mm-Filme, in denen einer stundenlang in Rückenansicht durch Marihuanafelder läuft, kommt im Paddelboot den East River herauf.

»Der große verfettete Skorpion mit Silber und Blei in den Knochen hauste seit Wochen im Zimmer der weißen Sau in der Medina. Er lag in der Ecke wie dreihundert Pfund ranzige Schwarte und sah sie mit seinen winzigen rubinroten Augen an.

Das Zimmer war weiß gekalkt, bis auf ihren Teil, der sich gelb verfärbt hatte durch den Abrieb von Lepra und Knochenfraß. Sogar ihr Make-up wurde dottergelb.

Der Gilb hüllte sie ein wie eine Schwefelwolke in diesen letzten tragischen Tagen ...«

Mit meinen toten Freunden bleibe ich auf Sendung, auch nachts um elf, wenn Jack Micheline in der 640 E 6 draußen auf meiner Feuerleiter hockt und mit den puertorikanischen Kids auf der Straße pfiffige Sprüche klopft.

Es kommt vor, daß ich diesem und jenem etwas erzähle und warte, was er dazu sagt.

Ich höre die vertraute Stimme, den Tonfall, die Art zu urteilen, sich zu ereifern oder zu amüsieren.

Es ist ein sentimentaler Selbstbetrug, den sich jeder leisten sollte.

»Holden Caulfield ist ein Borderliner wie du und ich.«
Allen Ginsberg beim Rooibos-Tee im *Blind Justice Coffeehouse*.

13

Und Lynn B. in ihrem Fuchsbau in der 10. Straße (in das Apartment dringt kein Tageslicht) bäumt sich auf und keucht: »Mach mich fertig, du Tier! Fuck me blind!«

Morgen abend liest sie mit Bonnie Bremser in meiner Serie ›Tough Chicks Don't Write Poems‹.

Bonnie hat ein Buch darüber geschrieben, wie sie in Mexiko anschaffen ging (sie ist die Tochter des amerikanischen Botschafters in Tel Aviv), damit sich ihr Ray im Gefängnis von Laredo/Texas einen Anwalt leisten kann.

»Du weißt«, sage ich zu Lynn, die Gedichte schreibt, »wer Bukowskis Lieblingsdichterin ist ...«

»Nee, wer?«

»Barbara Moraff. Eines Tages hat sie aus Versehen ihr Haus angezündet und ist darin verbrannt, mitsamt ihren Gedichten.«

»Wie alt war sie? Neunzig?«

»Vierundzwanzig. Wie du.«

»Ich bring dich um! Ich ... mmmhgrrrrbwwwllll!! ......«

Vier Uhr früh. Wer war alles hier? Ich weiß es nicht mehr. Zuviel Zeug eingeworfen.

Wer hat das hier liegenlassen? Meine Schrift ist es nicht:

»Mein Grund fürs Weiterleben hat sich Wort für Wort in meinen Venen aufgelöst.

Es ist ein elender Trip. (›Sieht so aus, als hätte das Schicksal nachgeholfen‹, knurrt Humphrey B. im Schwarzweiß-Fernseher.) Der nasse Atem der Stadt, das verwitterte Backstein-

Mietshaus, die Mauern verquollen wie alte Zeitungen im Regen, und ihre schmierigen Geheimnisse kriechen zurück in die Lungen der Zeit.«

Hm. Ist das von dir, Jim Silver? Hat dir dein Dealer katastrophalen Shit verkauft im Tompkins Square Park? Sind deine Hämorrhoiden davon radioaktiv geworden?

Wirst du Amok laufen mit der Feuerwehr-Axt, die ich dir stehlen half aus der stillgelegten Fire Station da hinten …?

Ja, ich weiß, warum das Department die Feuerwache geschlossen hat, es kamen schon damals keine Löschzüge mehr durch, vor lauter Müll sind die Straßen geschrumpft auf einen schmalen Pfad in der Mitte, wenn du hier ein brennendes Streichholz fallen läßt, geht das ganze Viertel in Rauch auf.

»In einer Ecke des Konzentrationslagers Treblinka waren 700 000 Leichen verscharrt. Sie wogen 35 000 Tonnen und füllten ein Volumen von 9000 Kubikmetern.« (Steiner, G. u. Jean-Francois, Study of Treblinka)

Intergalactic
Trading Post
17 St. Mark's Pl. 677-3780
Wholesale & Retail

Lyndon Baines Johnson (»LBJ, LBJ! How many kids did you kill today?!« schreien sie bei Demos) ist ein gerissener Hund, der sich merkwürdig verschätzt hat, als er dachte, an Colleges und Universitäten würden sie ihm aus schierem Patriotismus für seine Eskalation des Vietnamkriegs Beifall spenden. Statt Massendemonstrationen zu organisieren. Es heißt, er hat die Lust an der Macht verloren.

Kandidat Nixon hat das Niveau einer gebückten Kaulquappe. Das wird noch vielen weh tun, falls er nächstes Jahr drankommt.

Es gibt bekanntlich ein Gefühl von exzessiver Peinlichkeit, das als körperlicher Schmerz erfahren wird.

Bobby Kennedy, ein irritierend jugendlich wirkender, eiskalter Volkstribun, hat seine katholische Frau gezwungen, schon zehn oder elf Kinder auszutragen. Er soll der letzte gewesen sein, der Marilyn Monroe lebend gesehen hat.

Klartext: Als er sich das letzte Mal aus ihrem Bett wälzte, hat sie angeblich noch gelebt.

Die politische Klasse in diesem Land, und nicht nur sie, ist verwahrlost bis ins Knochenmark.

Sie geben es auch ungeniert zu.

Das macht sie so unwiderstehlich.

»Warum macht ihr das in Vietnam…?« fragt der saudiarabische Außenminister beim Hintergrundgespräch mit McNamara.

»Weil wir's können.«

»Nichts mit Dominotheorie, Vormarsch des Kommunismus stoppen …?«

»Blödsinn.«

16

Ich bin zwar erst auf Seite 28; trotzdem – wie soll das Buch einmal heißen, an dem ich schreibe?

In einem Bericht des Israel-Korrespondenten der *New York Times* sehe ich die Worte »Muschar blee rosch.« Hm. Dann fragt Dan Georgakas seine Großmutter, was das heißt ... »Das Blut der Hühner.« Ach herrje.

Dan (linker Aktivist aus Detroit) ist letzte Woche mit Melina Mercouri zum UNO-Gebäude marschiert. Dort haben sie das Lied aus ›Never on Sunday‹ a capella gesungen. Jetzt muß er dringend nach Griechenland und sich dem Untergrund anschließen. Eigentlich ist er hier schon Underground, aber im Herzen ist er eben Grieche. Mach was dagegen.

Jan schickt Exemplare seiner Zeitschrift *The San Francisco Earthquake*, für mich und für Roy Lichtenstein, dessen ›Pistol Banner‹ das Cover ziert. Also zum Atelier von Mr. L. in der Bowery.

Atelier und Loft nehmen das ganze erste Obergeschoß eines größeren verwitterten Gebäudes ein, das früher eine Textilfabrik war. Es hat Erker aus rostigem Eisen, und es gibt noch den Lastenaufzug von einst, in dem man sich an dicken Seilen nach oben und wieder nach unten pullt.

Roy L. mit seinem ältlichen Kindergesicht wirkt schwul, ohne es zu sein, und ist verheiratet mit einer Dorothy. Drei Jünglinge auf verschieden hohen fahrbaren Gerüsten malen Rasterpunkte einer riesigen stilisierten Landschaft wie aus einem Comicstrip – rot, grün, violett. Mr. L. produziert dieses Jahr nur Landschaften.

Er betrachtet sein Cover, nickt, blättert. »Burroughs *und* Jean-Jacques Lebel – also bitte.«

Ich erwähne in einem Nebensatz, daß ich aus Westdeutschland komme.

»Kennst du Vostell?«

»Ja.«

»Spinnt der?«

»Nein. Er wäscht sich nur nicht mehr, seit er auf orthodoxer Jude macht.«

»Bestechende Erklärung.«

Ein vierter Jüngling serviert mir eine gußeiserne chinesische Teekanne, die nach Mokka duftet, und eine Dose gezuckerte Kondensmilch. Ich mixe mir eine Tasse, nippe, strahle …

»Dieser Kaffee schmeckt wie eine Grabbeigabe von Ramses II. Schon nicht mehr von dieser Welt …«

»Es ist türkischer Mokka für einsfünfundneunzig aus dem Supermarkt an der Ecke.«

»Ich bleibe trotzdem dabei.«

»Na, dann bleib halt dabei«, sagt er und lacht in sich hinein. »Hyrch, hyrch, hyrch.«

Mein Text im *SF Earthquake* gefällt mir nicht. Als ich ihn abgeschickt habe, war er für mich ein Spitzenprodukt moderner Prosa. Jetzt ist er mir peinlich. Und ich muß für immer damit leben.

›Als Alien hat man es schwer in einer hektischen Stadt wie New York. Am Times Square gelang es mir endlich, einen Junkie zu besetzen. Ich hatte kaum noch genug Energie für ein Kontakt-High. Der abgespacete Schmecker schleppte mich in den Keller des Time-Life Bldg. Als ich mich an ihm aufgeladen hatte, verließ ich seine tote Hülle mit einem leisen *shlup* ...‹ Holy shit. ›The Time Traveler's Almanach, Vol. 10788‹.

John Wayne dreht sein Durchhalte-Epos ›The Green Berets‹ in der Umgebung von Fort Benning, Georgia.

Nach dem Überfall einer Vietcong-Einheit auf ein Dorf im Mekong-Delta sieht man durch abziehenden Pulverqualm und roten Staub Hunderte von blutigen verrenkten Körpern. Der Mann, der von Fort Apache bis Dien Bien Phu noch keinen Krieg verloren hat, stelzt vor der Pressetribüne auf und ab und bellt in sein Megaphon:

»Willkommen in unserem Krieg! Wir haben hier sechshundert Komparsen, in der Mehrzahl Frauen und Kinder, alles Schlitzaugen, die blutige Bandagen tragen und sich totstellen! Nächste Woche killen wir sie noch mal, und zwar in den Everglades! Oder in den Sümpfen von Louisiana! Dieser Film wird dem amerikanischen Volk zeigen, was Sache ist! ...« Gähn.

Hinter der Tribüne irrt die Pressedame von Cannon Films in Jungle Boots und Tarnanzug durch die Standard-Elemente einer G.I.-Zivilisation (Shrimp Boat, Econ oWash, Hi-Ho Drive-In, Ban Nuoc Fried Chicken Stand) und keucht vor sich hin: »Wir hätten diesem Irren kein grünes Licht geben sollen ...«

4th Smash Week!
ANDY WARHOL
MY HUSTLER
Adults Only
42nd Street Cinema

Thelonious Monk im Village Vanguard. Sie haben hier viel
Geduld mit ihm. Die halbe Zeit umschlurft er den zer-
schrammten Konzertflügel und tritt ab und zu dagegen. Das
ist der angenehme Teil des Abends. Wenn er sich hinsetzt und
spielt, wird es grausig. Vielleicht sollte man Musiker, die grade eine finstere Phase durchmachen, nicht vor zahlendem
Publikum ausstellen.

Zuhause wird gegen den amerikanischen Kulturimperia-
lismus auf deutschem Boden angeschrieben und -gesungen.
Davon sollte man erst reden, wenn es in Mannheim 16 000
Nutten gibt — für jeden G.I. eine. So weit sind wir noch lange nicht. Ich glaube, es sind 12 000.

WBAI (listener-sponsored radio) bringt die halbe Nacht Jimi
Hendrix. »Besser als Sex«, meint Lynn. Niemand sonst
bekommt von ihr so einen Superlativ.

Diese ewige Dichterei und Schreiberei und Singerei. Ein ein-
ziger LSD-Trip macht alles hinfällig. Und mehrere Trips

machen dich selber hinfällig, und irgendwann springst du von der Brücke.

Micheline (Bronx, °1929) bewohnt das Hinterzimmer einer Galerie, für zwei oder drei Bilder pro Monat. Er hat keine Ahnung von Malen, tut es aber trotzdem, und wer weiß schon, was in zehn oder zwanzig Jahren ist.

»Hab ich nicht schon Bilder an Touristen verkauft, sogar an der Spanischen Treppe in Rom, da sind ja auch Akademiker dabei.« Warum nicht Pflastermaler? »Krieg ich Kreuzweh von. Es dauert zu lang. Außerdem kann ich keine Madonna mit Kind.«

Das Underground-Theater Café La Mama, Lower East Side, hat am 4. Januar ein Stück von ihm gestemmt. Titel: ›East Bleecker‹.

Dritte Szene

Mackey's Bar, Bowery. Nacht. Die Akteure sitzen um einen Tisch, auf dem eine halbleere Flasche steht. Spärliche Beleuchtung. Am Nebentisch hat einer den Kopf auf die verschränkten Arme gelegt und ist eingeschlafen.

Coco, Cheese, Rabbit und Nellie lassen die Flasche herumgehen.

COCO: Ein Gedicht, dieser Fusel.

NELLIE (*singt*): Meine Mutter hat 'n blaues Auge …

CHEESE: Ich hab meine nie gekannt. Die war schneller weg, als man gucken kann.

RABBIT: Du meinst, sie hat 'n Veilchen, hm?

NELLIE: Hier stinkts nach Fisch.

COCO (*langt unterm Tisch durch und greift Nellie unter den Rock*): Gibt nix Besseres als ne verstunkene Fut.

CHEESE: Scheiße. Diese Welt is nix für mich.

RABBIT: Gib endlich Ruh. Stinkfinger. Also wirklich. Barkeeper! Noch ne Flasche!

NELLIE: Mit fünfzehn hab ich schon den ganzen Block rangenommen. Die ganze Straße!

COCO: Gott sei Dank, daß der Washington den 5-Dollar-Schein erfunden hat.

CHEESE: George Washington hat um die Ecke gewichst.

NELLIE: Laß die Pfoten von meinem Arsch. Selber verstunken, Coco.

COCO: Aach, du zickst mir zuviel rum.

CHEESE: Schieb dir deinen Washington in den Arsch. Im Querformat.

NELLIE: Bloß weil du für den Stoff zahlst, denkst du, du bist der Graf Rotz.

COCO (*steht auf und macht torkelnd ein paar Tanzschritte*): Ich *bin* der Graf Rotz.

RABBIT: Washington war unser erster Präsident.

NELLIE: Mir doch egal. Rotz oder Präsident oder Zuhälter. Herrgottsack, wo bleibt der Wein?

COCO (*zieht einen 5-Dollar-Schein aus der Tasche und*

mustert ihn): Barkeeper! Noch 'n Liter! Nicht so lahm!

(*Barkeeper bringt eine Flasche*)

RABBIT: Dieser Miles bläst 'n harten Strahl, aber ich steh auf Mingus. Wie der auf seinem Baß rumschnalzt, Mann. 'ne Wucht.

NELLIE: Jungs, ihr wißt genau, wo der richtige Jazz abgeht. Diese Musiker sind doch alles Luschen.

COCO: Meine Worte, Baby. Die Welt ist voll von Luschen.

CHEESE: Ach, du hast doch Hühnerscheiße im Kopp.

RABBIT: Ihr macht mich ja so was von durstig.

COCO: Die Luschen werden nicht alle, das steht fest.

NELLIE: Wenn du noch lang so dastehst, rempelt dich der Mond.

COCO: Die verlausten Luschen. Sind überall. Die Luschen sind unser Tod, sag ich.

RABBIT: Und du bist meiner.

COCO: Von wegen. Du tust dich auf meine Kosten abfüllen. Den Sprit hab ich bezahlt. Das ist mein Geld!

(*Die Flasche geht mittlerweile zum dritten Mal herum*)

CHEESE (*legt ihm den Arm um die Schulter*): Komm, reg dich ab. Was ist schon Geld.

COCO: Ich bezahl hier den Sprit, also pump dich nicht auf. Nix als Schnorrer hier.

CHEESE: Mach kein' Zappes. Stopf dir die Flasche hinten rein. 'ne Flasche ist doch bloß 'n Traum.

NELLIE (*greift Coco vorn in die Hose*): Immer mit der Ruhe. Ist erst viertel vor drei. Ich besorg's dir noch, heut nacht.

COCO: Barkeeper! Noch eine!

RABBIT: Noch ne Runde, ja.

CHEESE: Ich krieg nie genug.

NELLIE: Zum Deibel mit den Luschen. Sprit wollen wir.

COCO: Stoff hab ich gesagt, Barkeeper! Gott, was'n Lahm-arsch.

CHEESE: Für den Abschaum der Welt!

RABBIT: Ich hab nix gegen Luschen.

NELLIE: Ich hab mit fünfzehn schon den ganzen Block abgefertigt. Ich kenn mich aus mit Luschen. Mir kannst du nix erzählen.

Der Barkeeper kommt bleich und mechanisch wie ein Zombie an den Tisch und stellt die nächste Flasche hin. Keiner achtet darauf. Für einen Augenblick erstarrt die Szene zum Tableau. Plötzlich stehen alle wankend da, fassen sich an den Schultern und singen durcheinander:

Unten, da funkeln die Sterne

Im Loch ist es dunkel und kalt

Im Loch sind wir alle Brüder

Da unten wird keiner alt.

Komm Harry, komm Shannon, es ist noch Platz

Hier versackt man richtig gut!

Komm Tommy, komm Sally, es ist noch Platz

Das Loch ist tief genug!

Die Szene verdunkelt sich. Sehr laut und übersteuert die letz-ten Takte eines wütenden Bass-Solos von Charles Mingus.

Vor Coney Island sind einmal deutsche U-Boote aufgekreuzt. Ist das zu fassen. In McSorley's Old Ale House (East 7th Street) hängt noch, hinter Glas, die alte Verdunkelungs-Verordnung des damaligen Bürgermeisters.

Das frisch renovierte Apartment in der East 6th Street (mit Einrichtung, sogar mit der Kaution) hat mir Margot de Gramont überlassen, die sich mit Gary Y. überworfen hat und zurück nach Paris gegangen ist. *Brave Margot.*

640 E 6 ist praktisch Ecke Avenue C. Dahinter ist London, erfahre ich von Andrei Codrescu, der solche Dinge weiß. Erklärung: Der Schutt, in den Londoner Gebäude durch Hitlers Luftwaffe verwandelt wurden, hat in zahllosen Schiffsladungen den Southside Seaport von Manhattan erreicht und ist in den East River gekippt worden, um das East Village zu verbreitern.

Ich möchte mal *einen* Tag erleben, ohne daß mir ein Poet über den Weg läuft. Heute komme ich mit Micheline aus dem Odessa (Borschtsch, Kuttelsuppe usw.) – wer verstellt uns den Weg? Ein pensionierter Maurer, der jetzt Haikus aus der Arbeitswelt schreibt. »A fucking bricklayer!« ruft Mitch und haut ihm auf die Schulter. »Can you believe this shit?«

›Der einzige Hauch Frischluft kommt / Punkt 5 aus der Feierabendsirene.‹

»In Deutschland«, sage ich und zwinkere ihm zu, »wird die Literatur der Arbeitswelt repräsentiert von einem Adligen. Ganz recht. Ohne Flachs.«

25

›The Braille Film‹. Neuer Titel für das Buch (– ob es ein Roman wird, ist noch nicht raus.)

Motto, von McLuhan: »Fernseh-Ingenieure und Neurologen experimentieren damit, das TV-Pixelbild auf den Rücken von Blinden zu übertragen, um sie ›sehend‹ (Rimbaud hätte seine Freude daran) zu machen. Eine Methode, nach der wir alle Medien aufnehmen müßten, um unsere Lage zu erfassen.«

31. Dezember 1967. Die Fugs beenden ihr Engagement im Player's Theater in der MacDougal Street nach 600 Auftritten in zwei Jahren. Für nächstes Jahr sind sie zu den Essener Songtagen eingeladen, zusammen mit Zappa und den Mothers of Invention. Dort wird ihnen das teutonische Liedgut von Hannes Wader und Franz-Josef Degenhardt auf die Ohrwaschln gedrückt.

Im Vanguard treibt heute abend der blinde schwarze Roland Kirk sein Unwesen. Er steckt in einem Taucheranzug aus schwarzem Gummi, in dem er elend schwitzt, und bläst auf drei Saxophonen gleichzeitig.

Früh um sechs schrillt das Telefon. Bukowski. Mit schwerer Schlagseite. Bei ihm in L.A. ist es jetzt drei Uhr nachts.

»Wir haben uns doch für die Silvesternacht zum Doppelselbstmord verabredet, nicht?«

»Richtig«, sage ich, obwohl ich von nichts weiß.

»Ich dreh jetzt das Gas auf«, sagt er. »Und du?«

»Ich dreh das Gas auf *und* ich hab eine 38er Midnight Special, die ich gleichzeitig betätige.«

»Du jagst ja das ganze Haus in die Luft.«

»Genau.«

»Vergiß es«, meint er resigniert und legt auf.

Im Moment hat er ein krasses Ding in *COP KILLER*, einem hektographierten Magazin aus New Orleans, und in der edlen *EVERGREEN REVIEW* hat er ein Gedicht, das nennt sich ›Men's Crapper‹ (Männerscheißhaus).

Seit er beschlossen hat, ordinär zu werden, reißen sie ihm die Sachen aus der Hand. Auch richtig so. Mit experimenteller Prosa hat noch keiner die Miete bezahlt. Mit Gedichten auch nicht. Er verdient sein Geld mit Pferdewetten. Vom Rennplatz fährt er direkt zur Nachtschicht bei der Post, die Punkt 18.30 Uhr beginnt. Und oft elf Stunden dauert. So ein strukturiertes Arbeitsleben hat doch was.

2

RAVI SHANKAR IN NEW YORK
SIX DIFFERENT PROGRAMS
PHILHARMONIC HALL – LINCOLN CENTER
Box Office Now Open!

Noch in der hintersten Reihe (und trotzdem gute Sicht hinunter zur Bühne) gibt dir der Raga-Meister das Gefühl, daß er nur für dich spielt. Zweitausend blasierte New Yorker, zu denen ich inzwischen auch mich zähle, in Trance zu versetzen, Abend für Abend, bis weit nach Mitternacht, das ist allerhand.

»Der Kanzler Kiesinger hot gesacht ...«, liest der Nachrichtensprecher des jiddischen Senders vom Blatt und lässt sich seinen Widerwillen anmerken. Außer Juden interessiert sich hier keiner für die Bonner Republik. Wenn man die Immernoch-Nazis und die Schon-wieder-Nazis in der BRD zusammenzählt, bleibt eh vieles beim alten. .

Ein SA-Mann im Kanzleramt, der jetzt den überzeugten Atlantiker mimt, hat hier keinen Nachrichtenwert. Und der DDR-Teil ist für sie ein weißer Fleck. Der ostberliner UNO-

Botschafter ist schon froh, wenn ihm der Abgesandte des Halbdiktators von Burkina Faso bei Elaine's mal zuprostet.

Und die Absurditäten in meinem Leben nehmen kein Ende: Was mache ich hier als Steuerzahler eines Landes (jedenfalls bis vor kurzem – als Zivilangestellter des, auch das noch, U.S. Army in Europe Headquarters in Heidelberg), das von den beiden Supermächten längst zum Austragungsort des 3. Weltkriegs (nuklear) bestimmt ist.

Brief von Burroughs aus London, wo er im Scientology-Verein die gesamte Lehrgangspalette bis hinauf zur Operating-Thetan-römisch-vier-Ebene in Edinburgh absolviert (was vermutlich seine ganzen Ersparnisse aufzehrt):

»Die Scientologen sind uptown im Hotel Martinique – deine schwulen Freunde können dir sagen, wo es ist. Es war bei allen bekannt und beliebt wegen seiner legendären Sauna ...«

Ich rufe den ›Registrar‹ im Martinique an und erfahre, daß mich schon die erste Etappe auf dem Weg zum ›Clear‹ fünfhundert Dollar kostet.

»Das Geld hab ich nicht.«

»Macht nichts«, meint er, »dann machst du erst mal den Kurs, in dem du lernst, wie man Geld macht.« Ja vielen Dank, das hilft mir doch mit Schmackes weiter.

Was ist los mit Bill Burroughs? Warum fällt er auf derart dreiste Abzocker herein? Hm, vielleicht will er sie bloß auskundschaften und veröffentlicht anschließend eine Enthüllungsstory in einem britischen Schundmagazin, und Ron Hubbard erklärt ihn für vogelfrei.

THE BRAILLE FILM

Vorspann:
Die Passagiere dieses rasenden Mixed Media Sets sind auf einem Trip ans Ende des Nervensystems. Es gibt keinen Reiseführer, keine Stimme aus dem Off, kein Wort. Dafür Infrarot-Bildschirme, blankliegende Nerven, phosphoreszierende Comics, X-Rays von fiktiven Ereignissen, Windtunnels voll Tratsch, gezinkte Geschichte. Et pas d'commission. Sauve qui peut.

Und mit 14 wollte ich nicht Lokführer werden, sondern amerikanischer Schriftsteller. (Anm.: Das Buch erschien 1970 in San Francisco.)

Es ist klar, daß ich mir die Mühe dieses Journals nicht mache, um etwas für die Schublade zu produzieren. Es gibt aber da draußen schon 3,5 Milliarden potentielle Journalschreiber und viele machen es auch wahr. Das kann man nicht drucken. So viele Bäume gibt es nicht, die man dafür schreddern müßte. Und der Veröffentlichungswahn so vieler würde das Weltklima killen und die Menschheit ausrotten. (Fabelhaft. Und soviel besser als ein Atomkrieg!)

»Der Mensch der Zukunft, also der von 1968ff.«, sagte J.G. Ballard letztes Jahr, »wird sich überhaupt nicht mehr für die Vergangenheit interessieren und ausschließlich in der Gegenwart leben. Damit wird er alle Hände voll zu tun haben.«

Vielleicht wird dieses Jahr auch die Verwahrlosung von New York jenen Punkt von Sättigung erreichen, wo sie den Notstand ausrufen müssen. Ein lange durchgehaltener Streik der Müllabfuhr, streikende Polizisten, ein Streik der Fluglotsen – bingo.

»In der Ferne pfiff ein Zug erstaunt auf und verschwand murmelnd in sich selbst.« (Arno Schmidt) Das Problem, Arno S., ist nicht, daß das gelogen ist (ein Zug ist kein Fakir), sondern daß es so anspruchslos gelogen ist.

Die Fulbright Commission besorgt mir jeden Monat 250 Dollar vom Institute of International Education, schräg gegenüber vom United Nations Bldg. Wenn Miete und Telefon bezahlt sind, lebe ich von fünf Dollar am Tag. Die berühmte Masche ›New York on five bucks a day‹.

Ich habe schon hin und her überlegt, ob ich mich unter die Marihuana-Pusher des Viertels einreihen soll, damit es mehr wird. Aber ohne einen zuverlässigen Kundenkreis wird das nichts. Und zuverlässige Kunden für Pot, das ist – eine Schnapsidee! A Irrsinn!

Codrescu, 16, wohnt gleich um die Ecke, in der Avenue C. Vor zwei Monaten ist er mit seiner Mutter aus Bukarest geflohen. An der Küste haben sie einen Fischer bestochen, sind in Italien an Land gewatet, haben ihre allerletzten illegalen Dollars umgetauscht und Bahntickets nach Rom gekauft. Dort sind sie in die US-Botschaft gegangen. Prompt gab es Reisepapiere, Flugtickets nach New York und die besten Wünsche. Wow.

Wenn ich das, auf der Flucht vor dem BRD-Imperialismus, in der russischen Botschaft in Bad Godesberg versuche, bekomme ich garantiert zu hören:»Was willst du denn, du lebst hier in einer erstklassigen Demokratie, die wir selber installiert haben, mit den Amis und den Briten! Politisches Asyl! Du hast doch ein Rad ab! Laß dich hier nicht mehr blicken, du Querulant!«

Andrei könnte Perspektiv-Agent von Ceaucescus Securitate sein. Dazu paßt, daß er an einem 50-Seiten-Gedicht über Hitler schreibt und es bei jeder Gelegenheit erwähnt.

»Ich bin ja nur in dieses Land gekommen, um in den Grand Canyon zu springen«, sagt er, ganz der lebensmüde Sechzehnjährige.

Für mich ist er aus einem anderen Grund wertvoll: Kaum zwei Monate in Amerika, ist er bereits eine gefragte Connection für mexikanisches Pot. Und zwar Sinsemilla, die beste Sorte.

›Provoziertes Leben‹ (Dr. Benn) – Die 19- und 20jährigen Yankees in Vietnam schmauchen Heroin aus den Läufen ihrer Karabiner. Heroin, das dort so billig wie Backpulver ist.

Luftwaffen-Vizemarschall Ky unterhält mit der CIA eine kleine Luftflotte, die in erster Linie Opium und Morphinbase transportiert. Das Unternehmen heißt angeblich ›Air America‹. Ginsberg hat das von einem Sachbuch-Autor, der diese Zustände z. Zt. in Südostasien recherchiert.

»Vietnamesische Teenager, selten älter als 13 oder 14, verkaufen ›Numba Four‹ Heroin —— Reinheitsgrad 80-99 % —— entlang der Schnellstraße von Saigon zur US Army Base Long Binh.«

»Ich wollte die Todeszuckungen, okay? Deshalb habe ich vier Kameras genommen, jede mit einer anderen Geschwindigkeit – 24, 48, 72, 96 – und jede hatte ein anderes Objektiv. So konnte ich hin und her zappen – zwischen dem Einschlag der Geschosse und dem Ballett des Todes.

Wir brachten die Einschläge mit den kleinen Sprengladungen an, die Löcher in die Kleider reißen, und einmal fliegt bei Warren sogar ein Stück Schädeldecke weg, wie bei Jack Kennedy auf dem berühmten Amateurfilm vom Attentat in Dallas.

Faye war hinterm Lenkrad eingeklemmt. Wir haben ihr rechtes Bein am Schalthebel festgezurrt, damit sie sich aufbäumen und hin und her werfen kann, ohne aus dem Wagen zu fallen. Wir haben sie drei- oder viermal aufgenommen, mit wechselnden Objektiven und Speeds, damit man hautnah sieht, wie sie von den Einschlägen der Geschoßgarben durchgerüttelt wird.« Arthur Penn, Regisseur von ›Bonnie and Clyde‹.

Non-violence is not in the mainstream of how Americans get things done. Ergebnis einer umfangreichen Untersuchung, in Auftrag gegeben von der US-Regierung.

Fehlende Geistesgegenwart teuer bezahlt. In dem winzigen Vorbau, wo man seine Kleider nach den Hausschlüsseln abtastet, stehen schon drei: die Studentin aus der vierten Etage und zwei Puertorikaner mit Ohrringen. Der eine packt mich, dreht mich herum und drückt mir einen harten Gegenstand in die Rippen.

»Kannst du sehen, ob das eine Spielzeugpistole ist?« frage ich Betty. Sie bringt kein Wort heraus. Also muß ich die zehn Dollar drangeben, die ich für solche Fälle einstecken habe.

Als die zwei jugendlichen Ganoven weg sind, frage ich Betty, wieviel sie ihr abgenommen haben.

»'n-'n-'n Zwanziger.«

»Das ist zuviel. Zehn ist normal. Du darfst aber auch nicht viel weniger dabeihaben, sonst nehmen sie sich die Differenz in Naturalien und ficken dich im Stehen. Denk dran.«

Ich gehe zurück zum Peace Eye, um mir zum Trost einen Second-Hand-Porno zu leisten. Miriam Sanders braut einen Tee, der einem die Nackenhaare aufstellt. Den sollte ich öfter trinken, damit ich wacher bin, wenn sie mich das nächste Mal ausnehmen wollen, die – »Scheiß Ricos!« schreie ich später aus meinem Fenster. »Ich bring euch alle um!«

34

»Ha, ha«, sagt nebenan die Witwe Lipschitz in ihrem
gewohnt trockenen abgeklärten Tonfall.

Blizzard. Vor zwei Wochen, als es noch ging, haben sie mich in
Buffalo mitten in der Nacht ins Auto geladen (Ford Kombi,
mit Edelholz verkleidet, Schlafsäcke hinten drin) und darauf
bestanden, mit mir zu den Niagarafällen zu fahren. Protestieren half nichts. »Entschuldige mal, da sieht man doch nicht
die Hand vor den Augen ...«
»Nein, Carl«, hieß es, »es ist das Tosen. DAS TOSEN.«
Das Tosen war tatsächlich furchterregend.
Nach fünf Minuten in Finsternis und Eiseskälte, umtost
wie nur was, stiegen wir steifbeinig wieder ins Auto und fuhren die ganze Strecke zurück. Keiner sagte einen Ton. Das
Tosen bringt dich echt zum Verstummen, du.

Die New Yorker Nächte (die Tage natürlich auch), durchjault
von den Sirenen der Streifenwagen und Ambulanzen und
vom irrsinnig lauten Tröten der Feuerwehr. Es kommt, wie es
kommen muß: »Die Nacht jault aus tausend roten Lautspre-
chern.«
Das soll dein Eröffnungssatz sein? Hier werden harte
Streichungen fällig. Die erste Seite fliegt ganz raus, die zwei-
te halb, und das Buch beginnt jetzt so:
»Wir fuhren die ganze Nacht wie in einem Film. Von
Ciudad N mit ihrem Chaos von Lärm und eitergelben Neon-

reklamen zu den rostigen Sümpfen von Niagara, quer durch das verseuchte Land …«

Auch noch nicht der Hit, aber besser als das, was ich vorher hatte.

Durch vermoderte Dschungel von havarierten Mähdreschern, verlassene Vorstadtsiedlungen überwuchert von Kudzu und schmieriger Flechte, verdorbenes aschgraues Farmland, halb versunkene Granatwerfer-Stellungen …

Ja, is ja gut.

Velvet Underground
THE ELECTRIC CIRCUS
Saint Marks Place
Between 2nd and 3rd
East Village, N.Y.C.
© 1967 Electric Circus of New York, Inc. Patent Pending

(Patent angemeldet! Die lassen nichts anbrennen … Nichts gegen Miss Tucker am Schlagzeug; aber dieser öde Heini, wie heißt er, Lou Reed …)

In Vietnam sind inzwischen mehr als fünftausend amerikanische Kampfjets und Hubschrauber am Boden zerschellt. Und wahrscheinlich schon ersetzt. Cost to the taxpayer? Profit für die, die davon profitieren?

Das LHR war bis 1965 das Sixth Street Hotel, zuletzt eine etwas heruntergekommene Absteige. Als Kerouacs Tochter zwölf war, hat sie mit ihrer Mutter dort gehaust. Sie schlugen ein Loch in die Wand – der ungenutzte Nebenraum wurde das Kinderzimmer. Bei Mieterprotesten ist sie mitgelaufen und hat ein Schild hochgehalten: ›No hay agua caliente, no pagaremos la renta!‹ Mit 14 war sie auf Heroin.

Bei Ginsberg, der grade zurück ist von einem Besuch bei Ezra Pound in Venedig ...
»Ich hab ihm Dylan-Platten vorgespielt.«
»Du hast *was*??«
»Ja. Hat ihm anscheinend gefallen. Er hat natürlich kein Wort geredet.«
Mhm. Ohne Worte. Vor zwei Wochen habe ich auf seinem Schreibtisch etwas gelesen – er schreibt Kassetten ab, auf die er bei Fahrten mit seinem VW-Bus zu allerhand College-Lesungen seine Beobachtungen gesprochen hat. Da lese ich also etwas von einem Waschbär, der in Oregon am Straßenrand auf den Hinterpfoten sitzt und ... betet. Das Blatt habe ich so schnell weggelegt, als wäre es kontaminiertes Klopapier.

Meine Besuche bei Allen sind immer kurz, denn jedesmal sitzt sein Lover Orlovsky in der Badewanne und singt so laut, daß man sein eigenes Wort nicht versteht.

Auf dem ehemaligen Turf von Dutch Schultz, Lucky Luciano und Albert Anastasia stellt sich, wenn man die Straße runterschaut, wo der Rauhreif auf dem Müll im Mondschein glitzert, in den langen eisigen Nächten die Frage, ob es noch einmal Tag wird.

Boss Joseph Bonanno (›Joe Bananas‹) hat schon eine Dependance in Tucson, Arizona; jetzt will er nach Hollywood expandieren; das macht die Fellow-Mobster sehr ärgerlich …

Die Maf Boys (Norman Mailer) überlegen, ob sie ihn entführen oder gleich plattmachen sollen.

Und wieder werden sie mit hochgeschlagenem Mantelkragen, die Luger in der blaugefrorenen Hand, aus der Kälte in Umberto's Clam House kommen, in Pete Lugar's Steakhouse auf der anderen Seite des East River, in das verrußte Parkhaus an der 8. Avenue, das man nach dem letzten Brand nur noch lustlos teilsaniert hat …

Dann die unvermeidliche Revanche der Erniedrigten und Beleidigten – Crazy Joe Gallo, außer sich vor beginnender Demenz, Sonny Duckfucker Scarfone, El Gordo, Three-Finger Eddie und The Dickless Dude from Hell …

Doch bis es soweit ist, erst noch das Vitello Tonnato und die halbe Flasche Grappa – und die schlechtesten Dialoge diesseits von Martin Scorcese:

Joey – Mich bringt so schnell nichts um, Tio Pepe.

Sonny Duck – Du redest Scheiße. Du hast von nix ne Ahnung. Du weißt nicht wann, und du weißt nicht wie. Also halt die Klappe.

Three Finger – Du bist nix als 'n Itaker mit'm steifen Unterarm. Und das ist auch das einzige, was an dir steif ist.

Joey – Du weißt genau, von was ich 'n steifen Arm hab. Von den ganzen Kerlen, die ich für dich umgelegt hab.

Three Finger – Von den ganzen – was?? Ich sag dir, wie viele du für mich … porca madonna! Ich sag's dir: Anderthalbe!

Sonny Duck – Genau. Und den restlichen Halben hab *ich* übernehmen müssen.

Joey – Ah, vaffangul! Shit! Dove siamo?!

Jetzt haben sie meine Alien-Story in einem Magazin in Kansas City nachgedruckt. K.C., das merkwürdigerweise in Missouri liegt.

Das Cover, von S. Clay Wilson, zeigt einen abgerissenen Seeräuberkopf, rotes Tuch um die Stirn, dem das linke Auge zugenäht ist und die verquollene Zunge seitlich heraushängt. Wilson zeichnet mit Vorliebe Piraten, die sich – oder einander – im Suff mit riesigen Messern den Schwanz abhacken.

Nichts befriedigt ihn so sehr wie ein praller überdimensionaler Seeräuberschwanz, von derber Hand flach auf die Tischplatte gedrückt, und dann – WHACK!

Klaus Staeck will einen Text von Higgins übersetzt haben, Jan will Vostells Happening ›Miss Vietnam‹ auf Englisch, und Nam June Paik, der zenmäßig heitere Koreaner, braucht eine englische Version des Empfehlungsschreibens, das ihm der dt. Komponist Wolfgang Fortner, bei dem er in Freiburg studiert hat, usw. Hab ich hier ein Übersetzerstipendium oder was.

Was ich mit meiner Variante der Cutup-Methode herstelle, ist so etwas wie amerikanische Barocklyrik. Auf die lange Strecke ungenießbar, aber einzelne Stücke haben etwas Verführerisches. Da kann ich mich nicht mehr beherrschen. Eigentlich will ich einen permanenten Zustand des Overload erzeugen, so daß man dauernd angespannt ist und denkt, jeden Augenblick fliegt die Sicherung raus.

Man kann es sich leicht machen, und man kann es sich schwer machen. »An easy way and a tough way to do things.« Seufz.

Benefizkonzert (Geld sammeln für die Organisation der Vietnam Peace Parade) im Village Theater, 2nd Ave & 6th Street. Mit Charles Mingus ... Moondog ... Richie Havens ... Joe Frazier. Yessir, Smokin' Joe singt den Blues, daß dir die Tränen kommen. (»Joe F. is on our side! Imagine! Yoo-hoo!« Ja, aber tut uns das gut?)

Auf der Vietnam Demo in Washington (21. Okt.) waren nicht 60 000, wie von der Polizei behauptet, sondern 318 000. Die Zählung hat die Polizei selbst gemacht. Mit einem Scanner, aus dem Hubschrauber. Verhaftungen: 680. Norman Mailer hat sich vorgedrängt.

Morgens um 3 ruft Paik an, um mich zu seiner Party am Samstag einzuladen. Sein Atelier in der Canal Street ist eine ehemalige Autokarosserie-Werkstatt und steht voll mit alten Schwarzweiß-Fernsehern, alle eingeschaltet, und er geht mit einem starken Magneten auf und ab, der das Fernsehbild verzerrt und verzerrt.

Bill Vehr's ›Brothel‹. Mit Jack Smith und Mario Montez. (Teil 1 der Tanger Mystery Trilogie) »Gewidmet Peter Kürten, dem Vampir von Düsseldorf.« Gate Theater, 2nd Ave & 10th Street.

Shit. Wir sind am unteren Rand der Welt gestrandet. ›Ice Station 27‹. Und direkt neben uns schmilzt sich in diesem Augenblick ein Nazi-UFO in Startposition …

›The Braille Film‹. (»They fucked you blind or what …!«) Bis jetzt ist damit zu rechnen, daß sich die Hälfte des Buchs im Auto abspielt …

›Warum dieses unwirkliche Gefühl auf der Fahrt nach Westen? Durch die geborstene Windschutzscheibe sehe ich, wie die Fahrbahn ausfranst, ich spüre das künstliche Holpern und Schaukeln des alten Chevrolet, und manchmal flimmert der Rückspiegel, als hätte man ihn durch einen billigen Monitor ersetzt.

Da kommt die Erinnerung wieder. Ein Zusammenstoß auf der New Jersey Turnpike. Es wurde grade dunkel. Der andere hat mich gerammt, es hat ihn seitlich weggerissen, dann ist er in einer Wolke von Staub und Glassplittern verschwunden, und ich muß weitergefahren sein, als wäre nichts gewesen, übers Lenkrad gebeugt, in der Schrecksekunde erstarrt, alles schief und verzerrt, die ganze Landschaft gesplittert. The permanent car crash. A nail-biting adventure.‹

Dr. Paik (er hat über Arnold Schönberg promoviert) hat aus Versehen einen stadtbekannten Partykiller eingeladen, der nicht mehr weichen wollte. Mit dem Ergebnis, daß ich um die Ecke in den Mayflower Tea Room gegangen bin, wo ich das beste Egg Foo Yong meines bisherigen Lebens bekam. Im Mayflower saßen fünf steinalte ausgemergelte Chinks um einen runden Tisch. Sie schlürften und schmatzten und sagten kein Wort. Offenbar war schon alles gesagt. Wer weiß, wie viele Gegner sie beseitigen mußten, um so alt zu werden.

Es fällt auf, wie selten ich Ziele nördlich der 14. Straße ansteuere, mal abgesehen vom Chelsea (Alan Dye, Pressefotograf, in einem geräumigen Studio in der zehnten Etage – wo ich die Monatsmiete bequem bringen könnte, um mich dann in meinem Studio zu Tode zu hungern) und dem Haus von Dick Higgins und Alison Knowles (238 W 22), wo sich Phil Corner ab und zu an den Flügel setzt und was von Erik Satie spielt. Higgins reicht uns die Schläuche der Wasserpfeife und sagt genießerisch: »Der Rauch erinnert mich an Seetang, der an Land gewachsen ist.« – »Yeah«, kommt es von Alison, »we're just a bunch of Schmeckers.«

Im *East Village Other* (*EVO*) erscheint jetzt ein begnadeter, 100 % abseitiger Comicstrip: ›Die Abenteuer von Trashman‹.

Trash – Schwarzer, aber kein Black-Power-Typ – ist ein vollgeknallter Brocken von einem Kerl mit klobigen Stiefeln an den Füßen, der drohend durchs Village tönt: »I take no guff when I strut my stuff!« Nicht unbedingt eine Identifikationsfigur für die Blumenkinder.

Und die neue Single der Fugs heißt ...

KILL FOR PEACE!

Wie kommt es, daß 200 Polizisten (»pigs« heißt jetzt die korrekte Bezeichnung) kurz vor Tagesanbruch das Studentenwohnheim auf dem Campus der New York State University at Stonybrook (Suffolk County, Long Island) stürmen, angeblich mit Haftbefehlen (Pot und LSD, unamerikanische Umtriebe usw.) gegen rund fünfzig Studenten?

Woher wissen sie, ob die Gesuchten alle da sind? Wie kommt es, daß sie Lagepläne und Schlüssel für das Gebäude haben? Wie kommt es, daß sie Reportern und Fotografen der Yellow Press vorher einen Tip geben – und bei Eintreffen erhält jeder eine *Broschüre* mit dem Titel ›Operation Stony Brook‹, und darin gibt es die Lagepläne zum Ausklappen, sowie die Namen und Fotos der Gesuchten ... 38 werden in Handschellen abgeführt, manche nackt.

Wie viele hocken im Präsidium (1 Police Plaza) auf dem Klo und pressen sich solche Einfälle ab? Das Phänomen ist längst flächendeckend. Das Land ist eine einzige Serie von Fragesätzen geworden.

Alan D. hat mir zu Weihnachten einen Abzug seines erfolg-
reichsten Fotos geschenkt: Bei der Umzingelung des Pentagon
(10-21-67) bekommt ein U.S. Marshal, der breitbeinig mit
seiner halbautomatischen Schrotflinte den Arbeitsplatz von
McNamara schützt, von einem Flower Child (noch dazu von
überirdischer Schönheit) eine Blume in den Lauf seiner Knarre
gesteckt. Der Denkfehler dabei: Das macht die Pigs erst recht
wild. Ein Bekenntnis zur Gewaltlosigkeit finden sie obszön.

Und die Stoßstangen-Aufkleber-Industrie hat das Ohr am
Arsch der schweigenden Mehrheit:

KILL A HIPPIE FOR JESUS

Shmuel Rodensky, der Ostjude, der vorne in der Avenue C
die koschere Metzgerei hat, ist wahrhaftig meine Rettung.
Er macht konkurrenzlose Leberwurst und backt auch gleich
das Sauerteigbrot dazu. (»Rod, you are my saviour!« – »Naa,
don't embarrass me …«)

Heute ist die Avenue stundenlang abgesperrt. Der Kame-
ramann von George A. Romero hockt bis zu den Schultern im
Müll und filmt Zombies, die mit schleppendem Gang näher-
kommen und da und dort eine Zimmermanns-Axt hinter sich
herschleifen.

Das hat Schiller nie gebracht. ›Ihr naht euch, schwankende
Gestalten …‹ Alles nur Behauptung.

»Wie soll der Film mal heißen?«

«Return of the Crazies.«

Ja dann. Have fun.

Im Chelsea gibt jemand eine Party für Enzensberger. Wer hat mich dazu eingeladen? Den Chef-Intellektuellen kenne ich gar nicht. Ich stehe auf irgendeiner Liste, aber ich weiß nicht, von wem. (Wie viele im Land müssen das von sich sagen und alles verkrampft sich in ihnen?)

Von Irving »Sheeper« Rosenthal habe ich eine Tanzkarte (›Souvenir Dance Program ... 1 ... 2 ... Grand March ...‹) zugeschickt bekommen, für seine Abschiedsparty. Immer so lustig und kess, diese Schwulen, es ist zum Davonlaufen.

Der Enz ist gar nicht da. Vielleicht schon weitergereist nach Kuba, wo er dem Comandante dringend seine Gedichte vorlesen muß.

Im Fahrstuhl des Chelsea strahlt mich ein muskulöser Schwarzer an und streckt mir die Hand hin. Ich mache den Fehler und gebe ihm meine. Er zerquetscht sie mir fast. Es ist Elvin Jones, der Drummer von Coltrane. Er hat sich wohl mein Gesicht gemerkt, denn ich habe zwei halbe Nächte direkt vor seinem Schlagzeug gesessen, im Slugs oder im Pookie's Pub, ich weiß es nicht mehr.

Bei meiner Ankunft letztes Jahr war Coltrane grade ein paar Monate tot, und im Slugs (East 3rd) war die Jukebox komplett mit 45ern von ihm gefüllt. Da kann man jetzt noch mal hören, wie gut der Typ war, bevor er dazu überging (geniale Idee), öffentlich vor zahlendem Publikum dorische Tonfolgen zu üben.

Wenn schon Depressionen, dann wenigstens auf hohem Niveau. Wenn auf der Schreibmaschine nichts läuft – und beim Drauflosreden und Durcheinandertexten auf meinem Vierspur-Grundig auch nicht –, kann ich immer noch die Late Late Show (ab Mitternacht) anknipsen. Diese Woche bringen sie Filme der schwarzen Serie. Robert Mitchum, in ›Fire Down Below‹, zu Rita Hayworth: »I'm proud. I don't make love to the dead.« (Ich hab meinen Stolz. Ich treib's nicht mit Toten.) Wow.

Mit Alan und seiner Freundin auf eine Paella ins Don Quixote, rechts vom Chelsea. Es gibt noch den alten österreichischen Kellner, über den sich Burroughs einmal so geärgert hat, daß es aus ihm herausbrach: »Ich schätze, Hitler lag vielleicht doch nicht so falsch.«

Ich liebe Typen, die kein Blatt vor den Mund nehmen. Das ist selten geworden.

Ron Tavel (111 E 7) ist der bestaussehende 31jährige weit und breit. Dabei völlig uneitel. Keinerlei Allüren. Und schreiben kann er auch (Drehbücher für Warhol-Filme). Mit siebzehn hat er einen Roman über Tanger geschrieben. In Tanger. Den druckt demnächst Maurice Girodias, der seine Olympia Press von Paris nach New York verlegt hat (– ins Chelsea natürlich).

Mit Ron sitze ich gern in der Junkie-Cafeteria *Naked Lunch* (...) vorne an der Ecke 2nd Ave. bei endlosen Tassen

Muckefuck. Ich habe selten einen erlebt, der so selbstsicher ist, ohne daß es unangenehm auffällt.

Neulich ruft er mich an:»Du glaubst es nicht, aber der Hippie nebenan hat auf einem schlechten Trip seine Freundin mit der Axt erschlagen. Warum haben die immer eine Axt in der Wohnung? Das ist jetzt schon der dritte. Gleich kommt Andy und will, daß ich ihm ein Exposé schreibe ...«

Natürlich ist jeder genervt von Hippies, die für den Umgang mit der Droge ihrer Wahl zu dumm sind. Trotzdem wäre es vielleicht ein wenig flach gedacht von Andrew Warhola.

Im Café WHA' haben die Mothers of Invention zornige Zwischenrufe von zwei Marines auf Heimaturlaub bekommen. Zappa hat die Ledernacken auf die Bühne gebeten. Die Band hat den Killern von einem Land vorgeschwärmt, wo die Sonne nie untergeht und die Mädels die allerschärfsten sind.»Also auf nach Schweden, Boys!« faßte er zusammen.»Hunderte von euch sind schon dort!«

Eins steht fest: Wäre ich ein Ledernacken, würde mir selbstverständlich nicht in den Kopf gehen, warum ich in 10 000 Kilometern Entfernung mein Leben riskiere für mein Land usw. usw., während hier meine Altersgenossen zu den lauten Sounds von Zappa und Country Joe und Hendrix abhotten, daß es nur so staubt.

Man hätte mir in der Grundausbildung alles gelöscht bis auf eins: Den Abzug durchgedrückt halten, bis sich in meiner

Umgebung nichts mehr rührt. Meine gefährlichste Waffe ist im übrigen das Zippo-Feuerzeug. Das halte ich ihnen ans Strohdach und fackle ihnen ganze Dörfer ab, den beschissenen Gooks.

Ein Meeting bei Abbie und Anita Hoffman: Ed Sanders, Paul Krassner (Herausgeber eines militanten Satire-Magazins), Bob Fass (halblinker Radio-Talkmaster) und Jerry Rubin (?). Sie gründen die Youth International Party (YIP) und Krassner schreit begeistert: »Wir sind die Yippies!«

Ein ›Festival of Life‹ soll es geben (LSD im Trinkwasser, 100 000 verbrennen öffentlich ihre Einberufungsbescheide, 500 000 ficken in den Parks, Rolling Stones, Dylan, alles) im August, während des Parteitags der Demokraten in … Chicago. Wo dir die Pigs etwas ins Gesicht sprühen, das MACE heißt und ein chemischer Kampfstoff ist.

Chappaqua
Sutton, 57th & 3rd Ave.
PL9-1411

Toller Film, wenn bloß nicht dauernd Jean-Louis Barrault zu sehen wäre, der sich wie eine Knattercharge aufführt.

The Electric Lotus. Om Shanti. 308 East 6th Street. Ja, die Einschläge kommen näher …

»Gegen das Wort gibt es noch kein sicheres Mittel ...«
Pélieu, frz. Übersetzer von Burroughs und am. Underground-Autor, in der neuen Ausgabe von *Nola Express* (New Orleans, Louisiana). »Alte Filme. Wo sind wir? Was spricht man im Neon-Dschungel, der uns verdaut? Kopfjäger mit Chesterfields im Bauchnabel. Es ist ein mieser Tod, der uns in Handschellen abführt. *Kafka meets Fellini*, Weissners letzte Saga ...«

Zwischen Burroughs, Pélieu und mir gehen Texte manchmal so oft hin und her und jeder verwurstet das Material der anderen, daß am Ende nicht mehr auszumachen ist, wer was gesagt hat. Burroughs ist wild auf solche Produkte eines ›Third Mind‹.

30. Januar. Tet-Offensive. Schluß mit dem Rumkiffen, Jungs, der Vietcong ist in der Stadt.

Erst im Zentrum von Saigon den Regierungspalast besetzt, dann stundenlang die US-Botschaft belagert. Ist das der Beginn einer neuen Zeitrechnung in diesem Krieg, der offiziell einmal ›Police Action‹ hieß?

Wer war es, der diesen General Giap zitiert hat, der auf einer Pressekonferenz gesagt hat: »Wir sind bereit, zwei Millionen Landsleute zu opfern, nur damit ihr nicht siegt.«

Gegen so eine Mentalität gewinnt man keinen Krieg. Ich lebe von jetzt an im Land der Verlierer.

(Nichts Neues für mich, denn das tu ich zuhause ja auch.)

Bukowski: »Hast du das mit Cassady gehört?«

»Ja.«

»San Miguel ...«

»... de Allende. Mexiko.«

»Was macht er in so einem Dorf?«

»Saufen, ficken, Quaaludes einwerfen, sterben. Was soll man sonst in Mexiko machen.«

»Ich hab ihn einmal getroffen, letztes Jahr, in der Redaktion von *Open City*. Als Autofahrer war er sensationell. Ich hab trotzdem gedacht, er bringt uns um.«

»In seinem Nachruf wird es wahrscheinlich heißen: ›Ein talentierter Autodieb, der im Knast angeblich Nietzsche gelesen hat‹.«

»Von Kerouac in einem Roman verbraten zu werden, das ist der Kuß des Todes, soviel steht fest.«

»Wir verlangen eine Politik der Ekstase!« Pressemitteilung, Youth International Party.

Die Müllabfuhr streikt jetzt in der ganzen Stadt. Hm...

Miriam Sanders in der Avenue A: »Ich schau aus dem Fenster, und die Telefonzelle auf der andern Straßenseite ist komplett unter Müllsäcken verschwunden ...«

Wenn man sie im Schneegestöber durch die beschlagenen Scheiben von Bäckereien und Restaurants sieht, könnten sie letzte Woche erst angekommen sein, aus Galizien oder Estland oder sonstwo. Sie tragen noch dieselben dicken Wintermäntel und Pelzmützen und Fäustlinge, mit denen sie in Riga oder Triest an Bord gegangen sind, und auch ihr gebrochenes Englisch ist noch dasselbe.

Die sechste Straße und die Mietskasernen rings um den Park waren einmal voll von deutschen Familien. Die meisten gingen drauf, als sie mit einem Ausflugsdampfer den Hudson hinauf fuhren und an Bord ein Feuer ausbrach. Dylan hat eine Ballade darüber geschrieben.

Sonst würden mir jetzt vielleicht Kinder nachlaufen, die in amerikanisch gefärbtem Hessisch schreien: »Die Hesse, die sin all' Verbrescha! Denn sie klaue Aschebescha!«

Bis Ende Oktober ist es mir in bekifftem Zustand noch gelungen, das hier für das Paradies auf Erden zu halten. Allein der romantische Touristenscheiß, für den der Europäer so empfänglich ist ...

Eine halbe Stunde an dem künstlichen Teich vor dem Tempel von Dendur (Metropolitan Museum); zwei Stunden bei strahlendem Sonnenschein durch die Wolkenkratzerschluchten laufen und Hot Dogs mit Coleslaw futtern; Horowitz in der Carnegie Hall, Hendrix im Fillmore East, Malanga beim Siebdrucken in der Factory; bei Sonnenuntergang über die Brooklyn Bridge und ins River Café auf einen Bologna-Sandwich und einen roten Martini auf Eis ...

Wenn du damit durch bist, bleibt die Arbeit, und wenn die nicht flutscht, bist du elend schlecht dran. Hier genauso wie in Stuttgart oder Rotterdam.

Die UFO-Hysterie seit Ende der vierziger Jahre ... Teenager, die ihr Todesdatum auspendeln ...

>>And the hell of waiting:
Waiting for Lefty
Waiting for Godot
Waiting for the memory
to forget ...<<
(Bukowski)

Lynn hat den Fuchsbau verlassen und wohnt jetzt, mit ihrer Freundin Sydney, zwei Etagen höher. Ich komme rein, sie sitzt mit düsterer Miene auf dem Sofa, hat eins ihrer Pferde-schwanz-Gummis zwischen Daumen und Zeigefinger ge-spannt und schießt mit dicken Papierkrampen auf Kakerlaken.

>>Ich hab mein Leben nicht im Griff<<, sagt sie.

>>Wer hat das schon.<<

>>Nein, du verstehst nicht. Ich verliere meinen Job, weil ich für den Boss nicht die Beine breit mache, ich hab mein Stu-dium geschmissen, ich wiege zu wenig und hab zu viele Som-mersprossen. Außerdem hab ich letzte Nacht mit Sydney geschlafen – ich bin *bi*!<<

>>Find ich interessant.<<

>>Ach! Tust du?<<

Sie springt auf, packt mich vorne am Gürtel und zieht mich hinter sich her, ins Schlafzimmer.

Sydney, 19, ist Halbindianerin (Shoshone-Paiute). Sie ist extrem temperamentvoll und studiert forensische Psychologie. (»Lügen ist kognitive Schwerstarbeit.«)

Sie spart die ganze Woche für eine Nacht in einer Lesben- und Lederschwulen-Disco uptown (hier ist der ökumenische Gedanke noch voll verwirklicht).

»Ich lass mich von Bull-Dykes antatschen, und dann fauch ich sie zusammen ...«

Die Vier-Zimmer-Wohnung der beiden kostet 48 Dollar. Meine, im Rico-Slum, hat anderthalb Zimmer und kostet 81,50. Alle halten mich für etepetete. Aber ich weigere mich, mit Kakerlaken zu koexistieren. Meine hat keine. Fast keine.

In der Küche habe ich einen Roachkillerspray, der sie in vollem Lauf verschrumpelt. Und im vorderen Zimmer steht in jeder Ecke ein Roach Motel (›They check in, but they don't check out.‹)

Das hat natürlich nur einen Sinn, wenn der Grundbefall noch beherrschbar ist. (Margot hatte alle zwei Monate den Kammerjäger da.)

»Eine Müllkippe in der Arktis« heißt New York City inzwischen in der *Village Voice*.

Wenn es taut, werden sie Nationalgarde einsetzen müssen, um die engen Straßen in den ärmeren Gegenden freizuräumen. Und das Hochschnalzen der Rattenplage zu begrenzen.

So oft ich es einrichten kann, kaufe ich nur das ein, was ich in einer Hand zur Kasse tragen kann. Heute lade ich an der Kasse des puertorikanischen Supermarkts ab: 2 Packungen Camel ohne, 1 Flasche Beck's Bier, 1 chines. Instant-Nudelsuppe.

Aus der Hosentasche fische ich – ein bißchen arg langsam, wie es scheint – zwei zerknüllte Dollar und versuche umständlich, sie zu glätten. Die Kassiererin schnappt sie mir weg und stopft sie unter den Klemmbügel des Fachs, in dem sie die einzelnen Dollars hat.

»Ich bin noch ein bissl auf Trip«, könnte ich jetzt sagen, aber ich tu es besser nicht, sonst schreit sie nach der Polizei.

Die Prise Mescalin hat mir Ray zugesteckt, weil ich ihm vorgestern mitten in der Nacht mit fünf Dollar ausgeholfen habe. Seine Connection am Postamt in der 14. Straße hatte ihn gelinkt, und bis zu mir mußte er mehrere Blocks nach Osten und sechs nach Süden – gut zweieinhalb Kilometer. Auf Entzug und in Eiseskälte eine Strapaze. Er bibberte und sah aus wie der Landser in ›So weit die Füße tragen‹.

Nach halb eins fährt auch die U-Bahn unter der 14. Straße nicht mehr, und die Busse machen schon lange vorher Feierabend. Zustände wie in Villingen-Schwenningen. Sonst könnte man sich die fünfzehn Cents für ein Token, das für Bus wie Bahn gilt, jederzeit noch abnüchtern.

Wir quetschen uns durch einen Spalt in dem Müllberg vor dem Gaslight Café: Lynn, Jim Silver, Frank Murphy und noch

54

ein paar. Im schummrigen Lokal sitzt Diane diPrima, von der man nur das bleiche Gesicht sieht, auf dem alten Coca-Cola-Eiskasten und liest aus ihren ›Revolutionary Letters‹: »Ein paar von uns versuchten es. Wir wollten es stoppen mit Flugblättern. Ganz Harlem war voll von grünen Postern: LUMUMBA LEBT. Tja. Das beste, was man mit einer Hektographiermaschine machen kann, ist, daß man sie aus dem fünften Stock einem Bullen auf den Schädel wirft …«

Bei einem öffentlichen Meeting des Planungskomitees für das ›Festival of Life‹ steht einer von den Motherfuckers auf (ominöse, angeblich schwerbewaffnete Revoluzzer-Truppe im East Village) und wirft Ed Sanders vor, ein Bankkonto in der Schweiz zu haben.

Ed: »Ganz recht, und zwar hab ich das alte Konto von Bert Brecht bei der Credit Suisse!«

Robert F. Kennedy hat sich umgehört und will, falls er im Herbst nominiert wird, antreten und ein neues Amerika schaffen. Er wird es bleiben lassen, wenn bei LBJ inzwischen die Lust an der Macht wiederkehrt.

»Das war der Tag, an dem ich die zurückeroberte verwüstete einstige Kaiserstadt Hué wieder verließ. Ein Helikopter mit Verwundeten nahm mich mit. Neben mir schnallten sie einen Leutnant fest, der überall blutige Verbände hatte.

Er war in beide Beine getroffen worden, in beide Arme, in

die Brust und in den Kopf. Seine Augen und Ohren waren blutverkrustet. Aber er hatte noch den Nerv, sich fotografieren zu lassen, damit er das Bild seiner Frau schicken konnte.« Michael Herr im *Esquire*.

❉ ❉ ❉

»Ich bin ja *femme*«, sagt Sydney vor der Falafel-Bude an der Südwestecke des Tompkins Square. »Aber schon auch interessiert an, ehm, Dominieren. Verwirrt dich das? Abgesehen davon würde ich gern mit dir in die Kiste.«

Sie hat zwei Pferdeschwänze, hinter jedem Ohr einen, und trägt unförmige Bellbottoms, die ihre Tante Emily aus einem dicken dunkelblauen Militärmantel von der Heilsarmee genäht hat.

»Nichts lieber als das, Sid«, sage ich. »Aber was ist, wenn du mich, marxistisch gesprochen, nur als Produktionsmittel verprivatisieren willst, als Demonstration für deine Freundin, die irgendwie auch meine ist?«

»Carl«, sagt sie und gibt mir einen Rippenstoß, »das war jetzt unnötig um die Ecke gedacht.«

»Du hast recht. Das war es.«

Die intellektuellen Girls des Village sind ein Fall für sich.

»Da wollen welche die Filmrechte an meinen Stories«, sagt Bukowski am Telefon, »aber ich will denen nicht meine Seele verkaufen. Wer weiß, was sie daraus machen …«

»Hank«, sage ich, »deine Seele ist im Moment das Un-wichtigste auf der Welt. Aus neun von zehn Filmprojekten wird nichts. Also nimm das Geld.«

»Ich habe mal eine Dreierwette gewonnen. Knapp drei-tausend Dollar. Damals war der Dollar noch was wert. Einen Teil hab ich in Caliente wieder verspielt, aber mit dem Rest bin ich wochenlang die Küste rauf und runter gezogen, von einem Motel zum anderen, und hab gutes Zeug geschrieben, interessante Nutten kennengelernt, und bei Sonnenunter-gang saß ich auf einer Veranda im Schaukelstuhl, mit ner Flasche Whisky im Schoß. Und ich hab gewusst: So gut wird es nie mehr sein ...«

Ist es nicht erschreckend, daß alle ein Leben haben, nur ich habe keins? Die machen ihr Ding und ich halte mich mit Enz & Schmidt auf. Während der Überfahrt hatte ich die Gelegen-heit, einen Sack europäischen Bildungsballast im Atlantik zu versenken, und habe es nicht getan. Neulich bin ich sogar rückfällig geworden und habe den SPIEGEL gekauft (dazu war ein Trip nach uptown zu Brentano's nötig, herrje ...). Das erste, worauf mein Blick fällt, ist ›Apo‹. Keine Ahnung, wer oder was das sein soll. Ich glaube, ich will es auch gar nicht wis-sen. Vielleicht ein Schritt in die richtige Richtung. Und eine Junglesbe aus Fallon/Nevada will mit mir in die Kiste.

Im Tin Palace (gehämmerte schwarzgestrichene Decke aus Zinkblech, fettige Tische mit eingeritzten Namen, Sägemehl auf dem Dielenboden) sitzt auf einmal ein 20jähriger mit SS-Haarschnitt am Tresen und muß dir unbedingt erzählen, was er da drüben zuletzt angestellt hat.

»Neun Hubschrauber haben kurz vor dem Hellwerden das erste Platoon und die Hälfte vom zweiten abgesetzt und dann den Rest der Charlie-Kompanie geholt. Wir hatten inzwischen das Dorf umzingelt. Auf einem Reisfeld hat so ein alter Gook die Hand gehoben, bäng! war er tot.

In dem Moment fangen alle an zu ballern. Ich weiß nicht mehr, ob aus dem Dorf auf uns geschossen wurde, aber will ich vielleicht rumstehen und drauf warten?

Wir sind durchs Dorf und haben Splitterhandgranaten in die Hütten geworfen. Wir haben auch ihre Schweine und Wasserbüffel abgeknallt. Wenn welche noch aus den Hütten kriechen konnten, haben wir sie mit der Pistole per Genickschuß erledigt. Frauen, Kinder, Alte – wer sagt mir, daß das keine Vietcong sind?

Ein paar von den Jungs haben Weiber von den Gooks gefickt und dann den Lauf vom Karabiner in die Fut und abgedrückt. Wir haben auch ein paar richtig Durchgeknallte in der Kompanie, verstehst du, die haben Gooks skalpiert und sind rumgetanzt mit Kriegsgeheul und allem.

Dem Captain hat es zu lang gedauert. Der Lieutenant sagt, da ist ne größere Ansammlung von Zivilisten, die halten uns auf. Macht sie fertig, sagt der Captain. Da hat der Lieutenant Befehl gegeben, alle zu erschießen, und wir haben unsere Karabiner auf Dauerfeuer gestellt.

Am Ende hatten wir, würde ich mal sagen, so fünfhundert Gooks gekillt, alles in allem. Ich will damit sagen, wir sind nicht zum Ostereiersuchen da drüben. Und was hast du so gemacht?«

»Nichts. Unser Krieg, in Germany, ist schon seit dreiundzwanzig Jahren vorbei.«

»Aber dein Alter – was hat der gemacht?«

»Belgische Dörfer eingeäschert, aus einer Entfernung von dreißig Kilometern, mit einem Eisenbahngeschütz.«

»Das war alles?«

»Mir hat es gereicht. Er hatte übrigens den gleichen Haarschnitt wie du.«

»Ich versteh euch Deutsche nicht. Kein Wunder habt ihr den Krieg verloren.«

The Judson Gallery presents
MEREDITH MONK
Two shows daily
7:30 & 8:30
Reservations: SP7-0033
(limited seating)
COURTESY OF AUNT JEMIMA & THE UNITED PANCAKES

Das war Manhattan. Luftaufnahmen von der Mauer, die vom Hudson bis zum East River durch die 23. Straße verläuft.

»Die Mauer wurde nach den Health-Act-Unruhen von 1984 gebaut. Innerhalb von dreißig Minuten kann Lower

Manhattan abgeriegelt und die Mauer mit Truppen besetzt werden. Eine ähnliche Mauer trennt Harlem von Uptown ...« Der Helikopter fliegt die Fifth Avenue entlang. Schutt, zerstörte Gebäude, Trümmergrundstücke. Sieht aus wie London nach dem Blitzkrieg. Viele Straßen sind durch Müllberge unpassierbar geworden.

Das einzige öffentliche Verkehrsmittel ist eine alte U-Bahn, die mit 15 kmh durch düstere Tunnels kriecht. Alle anderen Strecken sind stillgelegt. Waren werden mit Tretbooten und Lieferwagen mit Holzvergaser befördert ... (Burroughs)

»Was schreibst du grade?« fragt der alte Tante-Emma-Rico vom Nebenhaus.

»Los secuestrados de la Loisaida.«

Er lacht. »Die Eingeschlossenen von der Lower East Side! Damit kann ich was anfangen ...«

Seine Frau hat eine ätzende Stimme, mit der sie mehrmals am Tag nach der Tochter ruft:

»Merr-ce-deees!!«

Selten hat der Name einer Automarke so hässlich geklungen.

DAS BUCH. Das gottverdammte Buch :::::: Ray sitzt vor dem Kühlschrank auf dem Boden und klemmt die Hände unter die Achselhöhlen. Das zerzauste Haar hängt ihm in das graue faltige Gesicht. Sein verkniffener Altweibermund zuckt.

(Er hat seine Zähne im Zuchthaus von Trenton/New Jersey verloren – »Ich war länger drin als Jean Genet!«)

Jetzt schaut er hoch und sagt beleidigt: »Meine Connection am Sheridan Square hat mir Milchzucker mit Strychnin angedreht! Mußte beim Italiener kaufen. Was hätt' ich machen sollen? Ich war am Abschnappen!«

Kurz und gut, er hat die Gasrechnung nicht bezahlt. Außer dem Gas ist auch die Heizung abgestellt. Alle Heizlüfter sind ausverkauft. Es hat null Grad in der Wohnung. Weiter unten an der Avenue C brennt ein halber Häuserblock. Die haben es warm.

Die Schießereien nehmen zu. Die Geschäfte in der Avenue C schließen. Als letzter gibt Joe's Pizza Parlor auf. Wer nicht unbedingt aus dem Haus muß, bleibt in Deckung.

Vor acht oder zehn Tagen hatten wir hier noch die reine Idylle. Ray, der ein paar von der Delancey Gang kennt, versorgte uns mit dem Nötigsten: Cornflakes, Whisky, Ölsardinen, Pumpernickel und Schinken in Dosen. Einmal brachte er einen Mohair-Mantel, Dizzy-Gillespie-Platten und sechs Bomberjoints.

Sechs Uhr früh, nach dem letzten Film der Late Late Show. Das kalte bläuliche Licht vom leeren Bildschirm. Ray, auf einem Plastikhocker mitten im Zimmer, macht sich seine Morgenspritze. Im Schlafzimmer sitzt John Wieners (noch so ein Beat Poet) in Unterhose und Rollkragenpullover auf der Bettkante und schreit: »Ich hab den Horror! Ich halt die Scheiße nicht mehr aus!«

»Klar hältst du sie aus«, sagt Ray in seinem trockenen gutmütigen Tonfall, während er die Spritze mit Alkohol durchspült. »Du bist bloß plemplem. Reg dich ab.«

Und Paul sieht ihn über den Rand seiner Cornflakeschüssel an und sagt: »Ray, warum mußt du mir immer diese kreischenden Tunten auf die Bude schleppen ...«

An der Ecke nehme ich die neue *EVO* mit und sehe was? Pélieu. Wieder in Hochform:

»Ranzige Kolumnen in geistlosen Zeitungen, die von französischen Rüstungskonzernen finanziert werden ... alte Säcke wie Ionesco und Gombrowicz ... Bewunderer von mexikanischen Polizeiaktionen ... lapprige Hunde wie Neruda und Jewtuschenko ... Wir haben nicht vor, uns das Veilchenparfüm dieser Hausnigger um die Nase wehen zu lassen: Wir werden ihnen den Arsch mit Sandpapier bearbeiten! Wir werden ihnen ihre Luxusausgaben, in ihre eigene Vorhaut eingebunden, um die Ohren hauen!

Klaut ihnen die Wärmflasche! Versaut ihre Autogrammstunden! Setzt ihre Museen in Brand!

›Wenn die Musik sich ändert, zittern die Mauern der Stadt‹ – wer weiß, ob Platon gemerkt hat, was für eine Perle ihm da rausgerutscht ist ... Laßt uns hinter den Barrikaden des Rock 'n' Roll ficken, bis uns die Ohren sausen! DIE ABSCHAFFUNG DER KUNST IST DAS GEBOT DER STUNDE!«

Recht so. Keine halben Sachen.

»I wonder what Carl's doing for sex.« Burroughs, Brief an Mary Beach, 1966.

Kann ich dir sagen, Bill: Ich wichse morgens um 4 aus einem der beiden Fenster an der Straßenseite, bis mir vor Kälte alles klamm wird. Wouldn't you?

Ginsberg ist gelernter Buddhist. Er meint, ich sollte vielleicht versuchen, giftiges Karma loszuwerden, indem ich mir eine weniger zynische Sicht der Dinge zulege. Aber die Zustände, hier und anderswo, machen es mir schwer. Also ...

General William C. Westmoreland, wegen krasser Erfolglosigkeit aus Saigon zurückbeordert, knickt ein. Als Geste des guten Willens, und um sein schlechtes Karma auf einen Schlag loszuwerden, stößt er sich einen spitzen Pfahl ins Herz.

Om raksha raksha raksha pitt svahaa!

Ah, jetzt setzt mich auch noch Micheline unter Druck ...

»Nigger rannte quer durch den Park. Er erreichte den Pelham-Sumpf, watete durch den Morast, auf den Fluß zu. Hinter sich hörte er Stimmen. Dann auch von der Seite. Sie kamen näher und kreisten ihn ein. Er stolperte, fiel in den Schlamm, kam wieder hoch. Er schaute nach hinten. Zwischen den Bäumen sah er sie jetzt. Uniformen. Cops.

Es mußten an die zwanzig sein. Keuchend watete er durch den saugenden Schlamm, auf die Brücke zu, alles drehte sich in seinem Kopf, sein Blut hämmerte an die Schläfen, Güterzüge, Touchdowns, Schlägereien, Parties, Abigail, Forty Winks, Trillerpfeifen, Löschzüge in den nächtlichen Straßen von Harlem, gellende Hilfeschreie, das hohe jaulende Geräusch der Querschläger, das Splittern und Bersten von Glas.

Die Cops gingen in Deckung und eröffneten das Feuer.

Nigger stand da und schoß sein Magazin leer. Johnny Pollack, Holy Cross, Mary Sean, Forty Winks, Güterwaggons, pickelige Blondinen, verlauste Buden, pelzige abgegriffene Dollars, Bosse, Straßen, Stimmen und Träume und Alpträume. Einige Cops sprangen aus der Deckung. Eine Kugel zerriß ihm den Schädel. Blut und Hirn spritzte an den Betonpfeiler hinter ihm. Sein Körper drehte sich halb um die eigene Achse und klatschte in das schwarze Wasser.«

Beneidenswert, dieser Mitch. Keine Umwege, keine Schlenker, kein Zögern. Zip, Bäng.

Zum Lunch mit Ron Tavel im Naked L. Die Éclairs, oder was sich hier so nennt, sind schon alle. Junkies brauchen ständig süßes Zeug. Also Kaffee, Kartoffelpuffer und Spiegeleier.

Ich erzähle Ron, daß mir Pat Pool vom Tompkins Sq. Bookstore (– dort ist mir Ray Bremser das erste Mal begegnet, wie lange ist das schon wieder her) angeboten hat, die nächste Nummer von *The Great Society* herauszugeben.

»Tolle Zeitschrift.«

»Und am Tag darauf bringt sich ihr Mann um.«

»Mhm.«

»Womit auch das Magazin gestorben ist. Theoretisch.«

»Ich höre, sie macht den Laden zu und zieht nach Kalifornien.« Er rührt mit dem Zeigefinger die Eiswürfel in seinem Glas Pepsi um. »Das Magazin hat mir gefallen. Allein die Nummer zwei mit ›Die weiße Sau von der Medina‹. Was für eine Story. Die Nutte hat es wirklich gegeben. Eine dralle Französin, schon etwas älter. Die Araber waren verrückt nach ihr.«

»Man sollte ein Magazin machen, das nur den Phantasien von Jack Smith gewidmet ist ...«

»Und wie kapriziös er immer ist. Für einen, der so hässlich ist wie er. Aber man soll nicht piefig sein, wenn einer so ein Genie ist.«

Er schaut konzentriert in sein kreiselndes Pepsi und schiebt den Teller mit dem halb gegessenen Rührei und Guacamole weg. Seine Alabasterhaut schimmert matt. Im matten Winterlicht, das durch die beschlagenen Scheiben dringt.

»Wie du siehst, muß ich auf meine Linie achten. Ich laufe demnächst in einer Show dieses Hippie-Labels ... ›Chocolate Soup‹. Als androgynes Model. Ich könnte eine Karriere auf dem Laufsteg haben, aber ich hab nicht die Zeit.«

Godards ›Weekend‹ und Melvilles ›Le Samourai‹. Zum Fürchten. Ich möchte jetzt kein amerikanischer Jungregisseur sein. Na gut: ›Cool Hand Luke‹ mit Paul Newman. So geht's auch.

Und 20th Century Fox bringt ›The St. Valentine's Day Massacre‹. Also bitte.

65

Wenn Albert und Donald Ayler im Slugs im Feinripp-Unterhemd auftreten, wird es gefährlich. Dann zerlegen sie mit Trompete und Tenorsaxophon alte Gospel Songs und Militärmärsche. Es hört sich an wie eine Massenkarambolage auf der Autobahn.

»I tried to dance to this and I broke four bones«, sagt die Mulattin hinterm Tresen.

Dr. Behrendt beim Südwestfunk Baden-Baden hat ein offenes (strapazierfähiges) Ohr für diese Burschen. Als Donald A. von mir wissen will, wie er an einen Mitschnitt von seinem Konzert bei den Berliner Jazztagen kommt, schreibe ich ihm die SWF-Adresse auf. Dafür kann er dem Doc, wenn er mal wieder im Schwarzwald ist, ein Weihnachtslied zerlegen.

Ich habe nichts gegen Free-Jazzer, die hupen, tröten und schrillen. Ich habe auch nichts gegen Cecil Taylor, der das Klavier mit den Ellenbogen traktiert. So lange alle zwischendurch beweisen, daß sie auch anders können.

Ich habe nur etwas gegen Dumpfbacken des Rock 'n' Roll, die ganze drei Griffe auf der Klampfe beherrschen und den Rest mit aufgedrehten Verstärkern machen.

Hendrix ist technisch ein Segovia. Mindestens ein Manitas de Plata.

Der Typ von Ten Years After würde in Tirol aus jeder Schrammelkapelle fliegen.

Manchmal hätte ich wirklich gern eine Stenotypistin, der ich das Buch in zwei Tagen und Nächten diktieren kann, während ich kettenrauchend auf und ab gehe…

Oder stell dir vor, du hast ein Glioblastom von 8 cm Durchmesser, das operieren sie dir aus dem Kopf, jetzt hast du noch knapp ein Jahr, ABER – du redest schneller und denkst schneller als vorher, und du schreibst doppelt so schnell und zehnmal so viel. Und? Is it a deal?

Statt dessen: Noch ein halbes Jahrhundert durchstehen, dann erst in die ewigen Jagdgründe. Nein, da ist ja schon Karl May. Schaurig-schöne Aussichten.

Barney Rosset von *Evergreen Review* und Grove Press (Nabokov, Burroughs, Genet, Miller) will jetzt auch noch ins Filmgeschäft und macht ein Midnight Screening des bereits verbotenen Renners ›I am curious (yellow)‹.

Inhalt, falls das Wort nicht zu hoch gegriffen ist: Schwedin lässt sich von ihrem Schäferhund flachlegen. Fein. Wieder ein Tabu weniger.

In der Bronx ist einer Amok gelaufen. Das gab es bisher nur in Malaysia, aber die Zeiten ändern sich. Ehefrau und Mutter blieben auf der Strecke. Auch der hat sein Löschblatt-Acid nicht vertragen. Es gibt den erwünschten Amoklauf, und es gibt den, der bestraft wird.

Ron hat eine Überraschung für mich, deshalb sind wir jetzt in der U-Bahn, Linie 6, wo die Waggons so alt sind, daß sie noch Wände aus Holz haben. Wir sind unterwegs zu einer Bar downtown, wo man einen krassen Kabarettisten namens Al Pacino antreffen kann.

Die 6 macht so einen Krach, daß wir uns nur schreiend verständigen können ...

»Kommst du mit dem Buch voran!«

»Geht so!«

»Zeigst du mir mal was!«

»Klar!«

»Ich sag nichts dazu! Außer, ich bin überwältigt!«

»Was!«

»Über-wäl-tigt!«

»Ah so!«

Pacino, Typ jugendlicher Raufbold, hat eine laute Stimme und einen raumgreifenden Stelzgang. Er ist einszweiundsechzig, hat seine free drinks schon drin und verprellt seine Zuhörer mit Beschimpfungen. Abschließend gibt er bekannt, daß er demnächst in einem Kellertheater in der Rivington Street auftritt. »Und dort kommen nur Leute, die begriffen haben, daß es *geil* ist, von mir beschimpft zu werden!«

Man könnte eine geführte Tour durch die New-York-Episoden von ›Naked Lunch‹ anbieten ...

»Bleib weg von der Queens Plaza Station, Junge. Zu viele

Ebenen. Zu viele Bullen … Sie stürzen aus dem Abstellraum und beißen sich an deinen Waden fest …«

Die U-Bahn rast vorbei, ein Schwall von schwarzem Eisen …

»Das, Gentlemen, ist ein Todeszwerg«, buchstabiert der Narco hinter seinem Exemplar der *Herald Tribune*. »Wie Sie sehen, wird er per Fernsteuerung bedient.«

»Gebt mir 'n Fix«, knurrt der Zwerg, »dann erzähl ich euch was Intressantes …«

3

Mr. P. in seinem verräucherten Kellertheater: Der Bürger von nebenan als Soziopath …

»Ethnische Säuberung in Texas‹! So eine Schlagzeile zwingt mich voll in die Knie, Mann. Das ist mir so aus dem Herzen gesprochen, daß mir schwindelig wird. Tja, guten Abend, alle zusammen. Himmelherrgottsack, ich hab schon mehr im Bett gehabt als wie, äh, hier sitzen … Und eure Bälger stellen mittlerweile das Hotelzimmer auf den Kopf und treiben es miteinander und die Inzucht blüht und gedeiht im Land!

Ja, deine auch, du verkorkster verwachsener Inzucht-Tourist! Was?? Ich zieh dir die Zähne! Ich schmeiß deine Kutteln ausm Fenster! Ich … Was soll ich sagen: Gu'n Abend, wie geht's uns heut, hm. Willkommen in meinem Keller. Willkommen, Flachstirnen und Flachwichser! Heute ist *No Sympathy Night*! …«

Drei Uhr früh. Jim Silver halluziniert mir etwas vor. Er ist ein halbes Jahr älter als Sydney, aber auf Junk sieht er aus wie 12. Manchmal lohnt sich bei ihm das Mitschreiben. Also …

»Jetzt wird ihm klar, was für ne Sorte Raumschiff das ist.

Sie fliegen Warp 3 und 4 und die Dehnung der Zeit – ein bekannter Effekt, verstehst du – sorgt dafür, daß sie nie mehr zurück können zu ihren, ehm, zu denen, die mal im gleichen Alter waren wie sie.

Sie haben jedes Gefühl für menschliche Existenz verloren ... Ängste, Obsessionen, Schwächen ... Pfft, alles ausgelöscht. Sie heißen DEADLINER, weil sie süchtig sind nach dem Tod ...« Jim, das ist ausbaufähig. Daraus mache ich eine Nebenhandlung.

Josef K. von Außerirdischen entführt! ›Sie haben widerwärtige sexuelle Experimente an mir durchgeführt‹, steht in seinem Tagebuch, ›und wenn ich je nach Prag zurückkomme, werde ich es beweisen.‹

K. fühlte sich gereizt. Die drückende Stimmung an Bord des Deadliner-Raumschiffs machte ihm zu schaffen. Er stand auf und verließ den Kontrollraum.

Er wußte jetzt, was es mit diesem Schiff und seiner Besatzung auf sich hatte. Sie waren Zeitreisende über Lichtjahre hinweg, und die Dehnung der Zeit führte dazu, daß sie nie mehr zu der Generation zurückkehren konnten, zu der sie einmal gehört hatten.

Längst hatten sie jede Erinnerung an menschliche Ängste und sonstige Regungen verloren. Man nannte sie Deadliner, weil ihnen die Abkopplung vom Leben auf der Erde eine morbide, süchtig witternde Nähe zum Tod verlieh.

Seine Schritte hallten durch die metallenen Gänge, deren Wände sich rostig anfühlten, ohne daß eine Spur von Rost zu sehen war. Im hinteren Teil, wo er die Antriebsaggregate vermutete, sah er einen gelblichen Lichtschein und hörte gedämpfte Stimmen.

Der Käpt'n und der dienstfreie Teil der Crew saßen vor einem Reaktor älterer Bauart auf dem Boden und spielten Karten. Einer der Spieler legte eine Karte offen neben seine drei verdeckten und schob an einem chinesischen Abakus eine rote Kugel nach rechts.

Jemand stand auf und zog am Containment des Reaktors an einem grün und rot gestreiften Griff.

K. brauchte eine Schrecksekunde, bis er begriff: Der Mann betätigte einen Mechanismus, der einen der Graphitstäbe herauszog.

Der Käpt'n schaute hoch, als K. hereinkam. »Und? Spielst du mit?«

»Wie nennt sich euer Spiel?«

»Nuclear Poker. Ein Geschicklichkeitsspiel, könnte man sagen.«

»Und der Reaktor?«

»Wird zur Bombe, wenn genug Dämpferstäbe raus sind.«

K. schluckte. Der Käpt'n merkte, daß sein Gast sich unwohl fühlte. In der verhältnismäßig abgestandenen Luft, die draußen von der Galerie hereindrang.

»Was ist? Wir haben das Spiel schon vor dem Start gespielt …«

»Ihr habt dieses wahnsinnige Spiel schon da unten angefangen?«

»Klar.«

»Ihr habt riskiert, daß der halbe Raumflughafen mit euch
in die Luft fliegt!«

»Der ganze, Maat.«

Die irische Bar in der 33. Straße, um die Ecke von der Fifth
Avenue, war einmal die Schalterhalle einer Bankfiliale – die
Decke ist zehn Meter hoch. Wir sitzen am Tresen und nippen
an irgendwas Bezahlbarem, und Alan kommt mit einem
zurückgegelten Typ ins Gespräch, der sich als GS14 (Beamter
der mittleren Leitungsebene) zu erkennen gibt – er sagt nicht,
welches Department – und mir als Zyniker weit voraus ist.
Alan erwähnt nebenbei einen Artikel der Verfassung, da
wird der GS14 ganz eisig: »Die Verfassung! Die Verfassung ist
ein Wisch, den man auf dem Parkettboden auslegt, damit der
Zwergpinscher draufpissen kann!« Ende der Durchsage.

Die Fugs haben es in erster Linie mit Lärmerzeugung und
provokanten Songtiteln (›Teenage Snatch‹), und Tuli Kupfer-
berg eiert dazu in kurzen Hosen von rechts nach links über
die Bühne. Im Moment sind sie auf Tournee in Saskatchewan
und nutzen ihre freie Zeit zum Schlittenfahren.

Wenn man Ed auf der Bühne erlebt, hält man es nicht für
möglich, daß er an der NYU Altgriechisch studiert hat und
Homer und Sappho im Original liest.

Mary Beach, 48, hat eine lesbische Tante, die 1919 in Paris eine Buchhandlung mit dem schicken Namen *Shakespeare & Company* aufgemacht und dort drei Jahre später den ›Ulysses‹ von James Joyce herausgebracht hat. Sylvias Drucker – in Lyon – hatte einen Setzer, der natürlich kein Wort Englisch konnte. Vielleicht ist er für die Weltliteratur wahnsinnig geworden.

»Carl«, schreibt MB aus San Francisco, wo sie mit dem Ex-Fallschirmjäger Pélieu (Algerienkrieg) zusammenlebt und den Verlag Beach Books gegründet hat, »laß uns mal ein total abseitiges, aber militantes Pamphlet machen; je ein Text von dir, Claude und Burroughs ...«

Sie hat einen Text von mir, in dem von ›Death TV‹ die Rede ist. Das wird der Titel.

Wir sahen uns mehrere Stunden eines endlosen Films an, in dem drei Generationen völlig identische Krisen durchmachten – Identitätsverlust, Schizophrenie, Fernsehtod – (Fernseh-Organismen laufen Amok in genetischen Strahlungsanfällen. Bakterientests ergeben beachtliches Gift. – The Tamil Times)

Sie druckt zweitausend Stück und vertreibt das Erzeugnis über den City Lights Bookstore in der Columbus Avenue. Nach drei Wochen ist die Auflage weg und sie druckt weitere 3000.

Einen Monat danach eine Zeitungsmeldung aus Los Angeles: General Electric muß zigtausend Farbfernseher zurücknehmen, weil bei den Kunden, die jeden Tag wohl zehn Stunden davorsaßen, Strahlenschäden aufgetreten sind.

Ach je. Jetzt sind wir auch noch unter die Hellseher gegangen.

Das einzige, was in Deutschland je toben wird, ist der Haß auf Fleischesser. Und auf ihren Bannern wird der Spruch von Wolfram Siebeck stehen:
»Die deutsche Wurst, das ist das Glitschige, das wegläuft, wenn man die Gehwegplatten hochstemmt.«
Dem werde ich die luftgetrocknete geräucherte hausgemachte Schwarzwälder Griebenwurst entgegenhalten, immer und ewig.

Jetzt kommt heraus, daß die CIA den nationalen Studentenbund infiltriert hat. Die CIA! Nicht das FBI, das für die Bespitzelung des Bürgers zuständig ist.

In Mazatlan hat das Militär vierzig Tonnen Pot verbrannt. Jetzt die gute Nachricht: Pro Woche werden fünf Tonnen in die USA geschmuggelt. Also, Hombre, in acht Wochen haben wir das wieder drin.

William S. Burroughs
Hotel Rushmore
London S.W.5

Hier ist eine Erweiterung der Idee mit der Panik-Situation: Man stellt an einem Fernseher den Ton ab und ersetzt ihn durch eine Tonspur mit Bekanntmachungen, Straßenlärm, Politiker-Reden usw. Du wirst feststellen, daß die Zufalls-Tonspur zu passen scheint. Und zwar so, daß die Betrachter aggressiv werden. Mit anderen Worten: Was wir sehen, wird entscheidend bestimmt durch das, was wir dabei hören. Ein Grund, weshalb ich Tonbandexperimente interessanter finde als Fotomontagen.

Ideal wäre, mit zwei präparierten Fernsehern im Schaufenster eines Händlers zu arbeiten: Du schaltest den echten Ton des einen Programms und den manipulierten Ton des anderen auf Lautsprecher und beschallst damit Passanten, die so unvorsichtig sind, auf dem Trottoir stehen zu bleiben.

Und dann schauen wir mal, was passiert.

Shonste Grussen, Bill B.

Was muß das für ein Blick auf New York sein, aus einer Raumkapsel, bei Nacht. Der Times Square wird ein besonders heller Fleck sein, der Central Park ein dunkles Rechteck. Der Westside Highway ist eine lange Lichterkette, der Airport gleißt, an der Auffahrt zur Verrazano Narrows Bridge stauen sich die Autos, und ihre Scheinwerfer bilden einen, hm, pool of light.

Und mit einem Zoom kann man genau auf die Ecke 6th Street & Avenue C zielen …

° ° °

Endlich wieder Temperaturen über Null. Müllstreik zu Ende. Unter viel Gejohle und Gehupe werden die Straßen geräumt. Vorher sah es aus wie nach dem Krieg. Jetzt sieht es aus wie vor dem Krieg.

Auf dem St. Mark's Place kommt mir Ron mit Mary Woronov entgegen. Sie hat bei *Exploding Plastic Inevitable* (=Velvet Underground plus Dias plus Tänzerinnen) mitgemacht und war eins von den ›Chelsea Girls‹.

In der besten Szene des Films sieht man Gerard Malanga, der an einem Tom Collins nippt, daneben die dicke alte Marie Mencken, die ab und zu etwas Sinnfreies blafft, und dann Mary, eine schwarze Krawatte mit weißen Punkten um den Hals, die sehr cool und mysteriös dreinschaut und in extremer Zeitlupe den Kopf zur Seite dreht. Und ihre Schönheit ist wie von einem anderen Stern.

(Ron hat diese Szene und noch drei weitere geschrieben. In dem Film wird nicht so viel improvisiert, wie man denken könnte.)

Wir gehen in die nächste Cafeteria und essen Donuts mit braunem Zucker drauf. Russian Mary hat sich aus der Factory abgeseilt, weil ihr das Getue und der Konkurrenzneid der sogenannten Superstars zuviel wurde. Ich frage sie, ob sie von Gerard gehört hat (die beiden kennen sich seit dem College), der im Spätherbst eine Auszeit von der Factory genommen hat und jetzt bei Freunden in Italien ist.

Ja, hat sie.

»Hat er was von Donatella gesagt?«(Unsere gemeinsame Freundin Donatella Manganotti ist die italienische Burroughs-Übersetzerin. Sie hat einen argen Herzfehler.)

»Sie ist in Mailand in einer Klinik. Man kann ihr nicht mehr helfen.«

Das gibt mir einen Stich. Donna ist 33.

Mary, schöner denn je, strebt jetzt eine Karriere in B-Movies an. Etwas mit Roger Corman wäre ihr recht.

Ich sollte zu keiner Party mehr gehen. Hinterher kann ich mich an nichts mehr erinnern. Nach der ersten halben Stunde bin ich entweder breit oder mit irgendwas vollgeknallt und liege in einer Ecke und starre interessiert meinen großen Zeh an. Aber immer noch besser als ein Baseballspiel.

Steve Richmond hat mit Buk eine Mischung aus Anarcho-Streitschrift und Poetry-Postille herausgebracht: *FUCK HATE*.

FBI-Agenten erscheinen in Richmonds Buchladen und beschlagnahmen dies und jenes. Auch einen Brief an Bukowski, den Steve grade in der Schreibmaschine hat.

Und Hank wird wieder einmal von den Oberpostlern vorgeladen: Betragen, das gegen den Verhaltenskodex für U.S.Mail-Angestellte verstößt.

»Sie sitzen zu dritt an einem langen Tisch, der Platz für neune hat. Du mußt zwanzig Meter gehen, bis du überhaupt mal den Büßerstuhl erreichst. In meiner nächsten Kolumne –

ich schreibe jetzt für die *L.A. Free Press* – sitzen sie unter Lampenschirmen aus Menschenhaut. Das wird ihnen auch wieder nicht gefallen ...«

Die *L.A. Free Press* hat eine Auflage von 120 000. Was sie zur führenden Wochenzeitung des Landes macht.

Man soll hier nicht zum Friseur, wenn man ohne Brille nicht sieht, was der Kerl macht. Ich habe jetzt fast so einen Haarschnitt wie der Grunt aus Dak To. Soviel Dummheit unter einem Schädeldach, ich bring mich noch um! Ich bin entschlossen, in drei Monaten mit einer schulterlangen Mähne herumzulaufen.

Nie wieder Barber-Shop. Fuck 'em.

Carolee Schneeman sieht gut aus, hat eine prima Figur und kann es sich deshalb leisten, nackt aufzutreten. (Gestern in der Judson Memorial Church, einem Hort der Avantgarde am Washington Square.) Ihre Performance hat aber auch jedesmal eine Message, und die liest sie vom Blatt ab.

Seit Jahren liegen sie ihr in den Ohren: »Carol, lern endlich deinen Text auswendig. Dauernd hältst du dir ein Blatt Papier vor die Möpse, das ist doch total, äh, unstimmig ...« Plus: *Destruction in Art*, Judson Gallery. Aufgeboten sind: Al Hansen, Charlotte Moorman, H. Nitsch, Ralph Ortiz, Lil Picard.

Lynn weigert sich. »Dieser Ortiz will doch bloß Hühner erwürgen.« Da hat sie recht, aber es geht schnell und macht keinen Dreck.

Dagegen Hermann Nitsch (Wien) – er braucht mehrere Zentner Schlachthof-Abfälle, sonst wird das nichts. Die kriegt er hier nicht; bzw. er kriegt sie schon, aber nicht in die Galerie rein.

Lil Picard ist eigentlich Kunstkritikerin. Charlotte M. spielt barbusig Cello. Al Hansen ... hat eine dänische Ehefrau und einen Sinn für Humor.

»Vielleicht füllt er silberglänzende Vinyl-Nachbildungen von Pißbeuteln von Urologie-Patienten mit Helium und läßt sie steigen ...«

Lynn beendet die Diskussion mit einem knappen »Let's fuck.«

Der frivole Scheiß soll in Braille F. durchaus vorkommen, aber nicht unbedingt wie bei Josef K. und den Außerirdischen.

Es geht um Banden von Medienguerillas, die das Geschehen auf dem Bildschirm und bei öffentlichen Veranstaltungen sabotieren, so daß es zu krassen Entgleisungen von Politikern, Entertainern und Militärs kommt.

Ronald Tavel's
SHOWER
Directed by Harvey Tavel
Music by John Harrill
Reservations: WA4-8400
THE EXTENSION
128 East 7th St.

Ein Zwei-Personen-Stück. Es spielt, wie schon der Name sagt, in einer Duschkabine. Erst ist alles zum Brüllen. (Schon mal versucht, auf engstem Raum einen in den Arsch zu ficken? Das ist nicht leicht.) Gelächter und Lustgestöhn, dann geht die Tür nicht mehr auf, Frust und Wutanfälle, hysterische Haßausbrüche, gegen einander und gegen das Publikum, bis zur Erschöpfung. Der eine schläft im Stehen ein (zusammensacken kann er nicht, weil kein Platz ist); der andere zieht den Bauch ein und reckt sich, um Körperkontakt zu vermeiden; bezichtigt sich und den anderen der grausigsten Verfehlungen, hetzt gegen Scharen von Schuldigen (auch welche im Publikum), geifert und schäumt, bis ihm die Luft ausgeht. Zuschauerraum füllt sich mit künstlichem Nebel. Die Bühne mit den zwei verkrümmten Gestalten in der Duschkabine ist gestochen scharf, aber nur noch zu ahnen. Dauer: 1 h 15.

Die nächsten sechs Tage bin ich jeden Abend im Top of the Gate, um mich vom Bill Evans Trio in ungläubiges Staunen versetzen zu lassen. Schon ein Solo von Gary Peacock (double bass), das die Akkordfolgen von ›Santa Claus is Coming to Town‹ so halsbrecherisch und oft auch noch gegen den Beat umklettert, ist leicht den zehnfachen Eintrittspreis wert.

Ich muß Murray Mednick (›Willie the Germ‹, Black Gate, 2nd Avenue) dazu bringen, daß er mir seine zweistündige LSD-Horror-Saga auf Band spricht (keucht, säuselt, hechelt, röchelt, singt ...) Carol B. (Chelsea Hotel, 243-3700) hat seine Telefonnummer. »Er arbeitet jetzt als ›Agent‹ für ein paar College-Girls, die komplett ohne Tabu sind.«

Grundig Parts & Service, 75 Sedgwick, Brooklyn (JA2-1444). Zwei Stunden hin und zwei zurück, aber es muß sein.

Im Tompkins Square Park mürrisches Grün an Bäumen und Sträuchern, Kinder spielen zwischen Hundescheiße und rostigen Spritzen auf dem schütteren Rasen, Junkies und alte Damen dösen auf den Bänken, ein Dutzend halbstarke Ricos hauen stundenlang auf ihre Conga-Trommeln, Dope Pusher an jeder zweiten Wegkreuzung. Die Pigs vom 9. Revier, teils zu Pferd, knüppeln einmal die Woche bei Einbruch der Dämmerung alles vom Platz.

»In den Einsatzplänen der Pigs sind wir Zone Neun«, sagt Ed. »So was wie Area 52 – ›Vorsicht, da sind die Außerirdischen!‹ ...«

Jetzt kommts: Ich finde die Black-Panther-Typen in Oakland affig. (Die in Chicago nicht; sie haben die höchste Verlustrate im Land.) Eine unpopuläre Ansicht, die ich für mich behalte, sonst denkt jeder, ich bin Bircher oder Ultra-Republikaner. Oder KuKluxKlan. (Erst recht mit diesem scheiß Haarschnitt.)

Im Vergleich zu Huey Newton und Eldridge Cleaver ist Trashman ein wahrer Nietzsche im Umgang mit dem Wort. Und ein Bruce Lee der Selbstverteidigung.

LBJ will nicht mehr. Bobby K. kommt aus den Startlöchern. Der Vizepräsident (Hunter Thompson:»Man sollte ihn vorsorglich kastrieren.«) will auch mit dabei sein.

Auf einmal sind alle weg. Jim Silver in Mexiko, Micheline und Yourée in San Francisco, Lynn bei ihren Eltern in Westchester County, Paik in Köln, Ray auf Ginsbergs Farm in der Nähe von Cherry Valley – (607) 264-7244 –, wo er versuchen will, clean zu werden. (Die makrobiotischen Tortillas allein werden ihn zwingen, wieder rückfällig zu werden.) Und Alan D. in Vietnam.

»Eat the shite, whack the buffalo, burn the ville, live in shame.« Motto der 8th Australian Rangers, z. Zt. im Einsatz irgendwo nördlich von Khesan.

Auf der Brooklyn Bridge weht noch ein sehr kalter Wind. In der Mitte, wo ich auf dem Pedestrian Walk in Richtung Governor's Island schaue, ist außer drei knipsenden Touristen niemand zu sehen. Wo wurde gestern abend, kurz nach sechs, der Bourbon entkorkt, die dicke Zigarre angeraucht, der Rassistentrinkspruch gewiehert:»We finally got the son-of-a-bitch!« Als Martin Luther King, im Lorraine Motel in Memphis, im 2. OG auf den Balkon ging und im nächsten Augenblick erschossen wurde.

✣ ✣ ✣

Die Kennedy-Aura wirkt noch immer. Wo er auch auftritt, überall verdrehen sie die Augen und wollen ihn anfassen, als wäre er die heiligmäßige Therese von Konnersreuth. »Er wird *sämtliche* schwulen Stimmen im Land bekommen.« (Ginsberg) Sure. Good for him.

Postkarte aus Tanger: »Habe gestern über der Straße von Gibraltar ein UFO gesehen.« Brion Gysin, Itesa Apts., Campo Amore, Tanger, Maroc.

Call Ed at the Tropicana. (»Mr. Sanders, tut uns leid, aber die Fugs müssen ausziehen, wenn sie Miss Joplin noch einmal dazu anstiften, nackt in den Pool zu springen.«)

Krawalle in Washington D.C., Chicago, Boston, Detroit ... SDS organisiert Demos und Streiks an Colleges und Universitäten ... Teile von Columbia Univ. besetzt. (CIA unterhält dort ein Rekrutierungsbüro ...) Nach einer Woche wird alles vom Sondereinsatzkommando der Polizei niedergeknüppelt. 780 Verhaftungen. Senator McCarthy (gebildeter Zyniker ohne Biß) in den Vorwahlen immer noch vorn.

In der 9. Straße, über die ganze Seitenwand eines Hauses: DUTCH SCHULTZ LEBT!

»Was willst du, Bulle?« — »Sag noch mal Bulle zu mir und ich brech dir 'n Arm.« — »Na schön, Lieutenant. Taffer Hund.

Was noch?« — »Wer hat auf dich geschossen, Schultz?« — »Was weiß ich? 'n Backstein inner Mauer! Woher soll ich wissen, wer auf mich geschossen hat? Es war dunkel!« — »Wir finden die Kerle, Dutch.« — »Ich find sie vor euch!« Vic Morrow (›Saat der Gewalt‹, 1956) als Dutch Schultz in ›Portrait of a Mobster‹.

Wieviel braucht es (drei Monate Hypnose?), damit ein Charlie Starkweather im Hauptgebäude der Univ. of Texas at Austin, die Taschen voll Munition, mit einem Jagdgewehr in den Turm steigt und das Feuer eröffnet; und ein verkniffener Patsy, wie hieß er doch gleich, im Texas Schoolbook Depository in Dallas zwei Etagen höher steigt und sich mit einem wertlosen Karabiner aus dem Versandhandel an ein Fenster mit Blick auf die Dealey Plaza kauert; und ein verkanntes Genie von einem Kunstschützen, in Memphis, in einem merkwürdig ungenutzten Bad + WC im rückwärtigen Teil einer Confederate Absteige einen Blattschuß bei Martin Luther King anbringt und dabei auf den Rändern einer Badewanne balancieren muß?

Wahrscheinlich ist es so, daß der angebliche Einzeltäter, und sei er noch so durchgeknallt oder sonstwie unglaubwürdig, immer wieder gern geglaubt wird; mit viel Erleichterung und wenig schlechtem Gewissen. Denn sonst müßte man glauben, daß im Land noch eine unsichtbare organisierte Bande Politik macht, die sich ab und zu in Attentaten materialisiert.

Auch in Harlem schießen sie von den Dächern, trotzdem kannst du immer noch ins Apollo Theater in der 125. Straße und dir Aretha Franklin und Cannonball Adderley reinziehen, aber vielleicht ist es insgesamt besser, du läßt dich abknallen, Whitey.

»Korrekturfahnen von *Evergreen Review*. ›Bitte durchsehen und Korr. per R-Gespräch durchgeben.‹
Jetzt merke ich, wie ungünstig es ist, daß ich nicht Hemingway bin. Denn am anderen Ende höre ich die Telefonistin rufen: ›Ey, da is 'n Mister Bublinski!‹ Als nächstes sagt sie mir, daß niemand da ist. Und legt auf.
Ich warte fünf Minuten, dann rufe ich wieder an. Diesmal buchstabiere ich ihr meinen Namen: ›B wie Bastard. U wie Urinvergiftung. K wie Kafka ...‹
Ich werd noch wahnsinnig.« (Bukowski)

Endlich was zum Lachen. Ich lese Hanks Brief in jener Pizzeria östlich von der Greenwich Avenue, wo ich mir am Tag nach meiner Ankunft eine Pizza Funghi bestellte und der Itaker sagte: »Sind Sie sicher?« – »Aber sicher bin ich sicher.« Und dann kam ein Ding, das kaum noch auf den Tisch passte. So lernte ich gleich mal, daß man hier ein ›Slice‹ bestellt, und nicht das ganze Ungetüm.

John Giorno (222 Bowery), der für Warhol schon acht Stunden vor laufender Kamera geschlafen hat (›Sleep‹, 1963), hat nicht nur den Buddhismus für sich entdeckt, sondern auch die Dichtkunst, und zwar experimentelle Poesie, die dadurch entsteht, daß man Pornotexte mit einer interessanten Zeilenbrechung versieht:

Einmal	vom einen zum	Ich weiß
standen sie im	anderen rutschen und	nicht wie oft
Kreis um mich	ihnen den Schwanz	sie mich durch
herum und ich	lutschen bis er	gefickt haben von
musste auf Knien	stand.	vorn und hinten.

Er hat ein Tape von Brion Gysin, aufgenommen in einem Studio der BBC, mit einer Sound-Collage, die aus einer mehrfach permutierten Abfolge von Pistolenschüssen besteht. Nun heißt das Ding aber dummerweise ›Pistol Poem‹, und damit wird es schon wieder uninteressant.

33 Union Square West. Die Factory ist jetzt im alten Union Building und nimmt die ganze 5. Etage ein. Im Fahrstuhl zeigt John auf den Knopf vom siebten Stock: Neben zwei Namen steht da ›CPA‹. Es handelt sich um die Kommunistische Partei, Ortsgruppe New York.

Oben wird man, sehr businesslike, mit drei weißen Schreibtischen konfrontiert. Auf den Platz hinaus gibt es einen kleinen Balkon für Schwindelfreie.

John will etwas von den beiden Girls, die für zwo-fünfzig die Stunde zahllose Tonbandkassetten abtippen: A.W. nimmt seit zwei Jahren ab und zu ein paar Stunden Unterhaltungen und Taxifahrten seiner ›Superstars‹ auf. Das will er als Roman herausbringen, um auch noch den Sektor Literatur »abzudecken«, wie er es nennt.

Während John verhandelt, überfliege ich mal so eine frisch getippte Seite und kämpfe alsbald mit dem Schlaf...

Hast du das auch mal mit Dexedrin gehabt?
Nein. Nein, ich ...
Da würdest du nämlich umkippen.
Mhm.
Da schnallt dein Herz ab, so stark sind die.
Wirklich?
Dexies kannst du nicht nehmen. Ich muß ... ach was. Kann ich mal – heb das mal für mich auf, und wenn du's los sein willst, nehm ich's wieder, weil, es ruiniert einem nämlich ...
Es gibt jetzt so 'n neues Zeug, das sich Pop-Nutte nennt ...
Ich trink meine Karbolsäure hier aus, dann können wir gehen.
Willst du mal Rauschenberg kennenlernen?
Nein.
Nein?
Wer ist das ...

John G. sucht träge laszive Stimmen, die ihm seine Porn Poems auf Band sprechen, damit er sie in seinem Bei-Anruf-Kunst-Service (Dial-a-Poem) anbieten kann. Finanzieren tut ihm das, für den Anfang, die Architectural League.

Kenneth Anger
SCORPIO RISING
Bleecker St. Cinema

Bleecker & La Guardia Place

OR4-3210

Lynn ist wieder da. Sie wirkt erholt und resolut. Ihren Job hat
sie gekündigt (– es drohte ein Rausschmiß, weil sie in bekifftem Zustand die Buchhaltung in ein gewisses Chaos versetzt
hat; das war dem Boss wichtiger als die Frage, ob sie ihn endlich ranläßt. Der Boss, ein mafioser Schmierfink, beschäftigt
ein kleines Heer von flinken Schreibern, die zum Pauschal-
preis alle zwei Wochen einen Softporno abzuliefern haben.
Die Maßeinheit 2 Wochen wird vorgegeben von Georges
Simenon.)

Kurz, sie hat sich für ein Stipendium beworben, und bis
dahin arbeitet sie schwarz in einem Head Shop.

Die Sisters von der Women's Liberation, sagt sie, überlegen eine Aktion: öffentlich BHs verbrennen. »Wahrscheinlich wird man da sogar verhaftet. Für so was Piefiges! Das mit
der Liberation funktioniert erst, wenn Girls – BH-los – mas-
senhaft rumlaufen mit T-Shirts, auf denen steht: ›Ich fick
alles, was ich erlege‹. Und: ›Ich kille alles, was ich ficke!‹…«

Tja, gut gebrüllt.

Im Slugs sitzt Albert Ayler mit finsterer Miene an der Bar und
starrt sein volles Glas an.

»You okay, Al?«fragt jemand. Keine Reaktion. Ich frage die Mulattin, was mit ihm ist.

»Sein Bruder is anner Überdosis gestorben.«

Da hält man respektvoll Abstand.

Burroughs hat Mitte der vierziger Jahre eine Weile als Heroin-Dealer gearbeitet, hier unten im Village. Sein Deal war der beste in der Stadt – ein H-Anteil von sechzehn Prozent (üblich waren 8 % und weniger). Der zittrige Junkie, an bis zur Unkenntlichkeit verschnittenen Stoff gewöhnt, nimmt die doppelte Dosis. Weil er glaubt, daß er sonst nichts spürt ...

LIBERATION NEWS SERVICE

160 CLAREMONT AVE.

NEW YORK, N.Y. 10027

Die letzte Nummer meiner Zeitschrift, im vergangenen August in Heidelberg gedruckt, hat auf dem Seeweg eine halbe Ewigkeit gebraucht – erst Ende September kam die Benachrichtigung, von einem Postamt uptown, um die Ecke von der Kathedrale St. John the Divine.

Am Tag darauf komme ich mit Freund Henry in seinem Uralt-Porsche hin, da ist über Nacht das ganze Paketlager ausgebrannt, darunter meine vier Pakete à 100 Exemplare. Zwar versichert, aber die Post zahlt nichts, weil es angeblich ein Unglück infolge höherer Gewalt ist.

Seither verkaufe ich die restlichen hundert Stück, die ich in meiner Seekiste auf der M.S. Bremen mitgebracht habe, für den dreifachen Preis – das Ding ist ja jetzt eine Rarität – bei Veranstaltungen in der St. Mark's Church und schräg gegenüber im Gate Theater. Die Buchhandlungen im Village nehmen da und dort ein halbes Dutzend und bekommen von mir 20 % Rabatt.

Nur Robert Wilson vom Phoenix Bookstore in der Cornelia Street macht nicht mit.

»Kommen Sie«, sage ich, »das ist praktisch ne limitierte Auflage …«

»Da steht nichts davon drin. Sondern: Auflage: 500. Preis: einsfuffzig.«

»– und es steht sensationelles Zeug drin, von Burroughs, Bukowski, Diane diPrima … von Ginsberg was über einen Besuch bei Timothy Leary in Harvard, wo sie Psilocybin eingeworfen und Allmachtsphantasien gekriegt haben: ›Damit törnen wir Chruschtschow und Kennedy an! Und die ganzen Generäle im Pentagon! Im Nu ist der Krieg aus und alle liegen sich schluchzend in den Armen!‹«

»Nein, ich verkauf das nicht für 5 Dollar …«

»Die Kollegen tun's aber. Und hier – ein hinreißendes Happening von Wolf Vostell, das er vor zwei Jahren in Manhattan veranstaltet hat: ›Dogs and Chinese Not Allowed‹ …« (Das bezieht sich auf die Emailleschilder, die man bis vor kurzem noch über den Eingängen von Geschäften und Cafeterias gesehen hat. New Yorker Humor vom feinsten.)

»Nein, Sie verstehn nicht …«

»Und hier: Ein Kracher von vier Seiten, von einem Poetry

Superstar in Kalkutta, dem dort grade vom Magistrat der Pro-
zeß gemacht wird – wegen diesem Ding da! Pornographie
und Volksverhetzung!«

Es hilft nichts. Wilson ist verstockt und bleibt hartnäckig
wie ein schief eingewachsener Zehennagel.

Als ich Bukowski im Herbst von den verkohlten Paketen
erzählte, war er voller Mitgefühl. Nicht für mich, sondern für
den, der uptown das Feuer gelegt hat.

»Das war bestimmt ein Kollege, dem das Arbeitsklima
gestunken hat. Die Idee könnte von mir sein.«

»Später kam Tennessee Williams vorbei und wir unterhielten
uns über Selbstmord.«

Andy Warhol über den 15. Oktober 1965, als der Papst
alles an einem Tag machte: Weltausstellung, Waldorf-Astoria
(1 Std. mit LBJ). Rede vor der UNO, eine Messe mit 90 000
Menschen im Yankee Stadion.

Ach Scheiße, ich sollte eine Ausbildung zum Schnellkoch
machen.

Mel, 20, Bruder von Alan D., hat einen hastig hingekritzelten
Brief aus Saigon bekommen (auf der Rückseite einer länge-
ren Bar-Rechnung vom Hotel Caravelle):

»In einem Reisfeld unter Beschuß geraten. Kaum was
knipsen können. Nach 1 Ewigkeit hört Victor Charlie mit dem
Schießen auf. Lieutenant läßt stürmen, die erste Reihe rennt

los, die Hälfte zerreißt es: Tretminen. Ich will das Wort Reisfeld nie mehr hören!«

Mel, obwohl College-Student, wird von der Einberufung nicht mehr zurückgestellt. Er hat seinen Bescheid erhalten und bei der nächsten Demo verbrannt, zusammen mit hundert anderen. Er läßt mich den Brief lesen, dann verabschiedet er sich ins kanadische Exil. Dort sind schon Tausende wie er.

Die können erst wieder zurück, wenn ein Präsident drankommt, der heute wahrscheinlich noch in ihrem Alter ist und es Scheiße findet, daß amerikanische Jugendliche in einem fernen Dschungel verheizt werden.

FUCK THE
SCHOOL SYSTEM
CONVENTION
CHURCH OF THE MEDIATOR
225 Elmwood Ave.
ALL DAY STARTING 10 a.m.

Wenn mir der Lärm im Slum zuviel wird, sitze ich an manchen Nachmittagen im großen Lesesaal der Public Library am Bryant Park. Eigentlich ein idealer Ort zum Schreiben. Trotzdem ziehe ich ab und zu eine Niete und schaue unnötig lange zum Deckengemälde hinauf – ein psychedelischer Traum aus graurosa Wolken und einem dräuenden Himmel von der Farbe eines Fladens Rindermilz mit Schmeißfliegen drauf.

Anschließend kann man zwei Stunden durch den Central Park laufen, Sauerstoff und Conga-Rhythmen tanken. Das macht auch noch nicht locker? Dann eben, im Met. Museum, im Tempel von Dendur sitzen und neben dem Granit-Sarkophag der Prinzessin. Spätestens dann bist du geläutert.

Burroughs in Marrakesch: »Langsam zieht ein Komet über den bräunlich-violetten Himmel, im Zimmer der Modergeruch von explodierenden Staubwolken draußen auf dem Markt, ein schwerer purpurner Dunst von Räucherwerk und Ozon, von Aftern, die verglühen und zu rotem Staub zerfallen. Es ist ein möbliertes Zimmer, und ich warte auf ein verabredetes Klopfzeichen ...

Jetzt kommt er durch die Tür, in einer Khaki-Hose, aus der ein Hauch von Mottenkugeln und verschwitzter Haut dringt, Moschusduft einer weichen Lederjacke, Geruch nach angetrocknetem Afterschleim, von dampfender Haut nach einer heißen Dusche ... Knisterndes Schamhaar, das bei jedem Schritt zu Staub zerfällt, ganz Marrakesch wie eingeschneit von rötlich-grauem Staub, Asche auf nackten Schenkeln, verglühende Sterne.

Gleichgültig zieht er seine Sachen aus und steht nackt da und sein Arsch verglüht und zerfällt in glitzernden Staub, der Dunst hüllt mich ein, alles fällt von mir ab, Echo ferner Nebelhörner, Zigarettenasche auf nackten Schenkeln, in möblierten Zimmern in St. Louis, Paris, London, Tanger ...«

Auch bei mir nehmen die Halluzinationen zu. Sie fressen sich schon in das Manuskript von Braille Film. Wenn du deinen Stoffwechsel mit synthetischem Shit traktierst, geht es nicht mehr so gradlinig zu.

»Da stehts, auf der Titelseite von *EVO: Euer Problem ist nicht fixen, sondern ficken* ... ist das nicht irre?« Foto von ihr auf einer Zeitungsseite, die aus dem Seitenfenster des Pontiac hängt. Wir parken vor dem Abbruchhaus, in dem einmal der Cotton Club war ...

Wir saßen uns im Halbdunkel gegenüber; er suchte nach einer Vene in meiner Armbeuge; ich roch seinen sauren Atem; der ganze Morgen geronnen zu einem Klumpen Licht.

Rasierklingen im Sauerstoffzelt. Geisterhafte A-Trains sausen durch Entwicklerflüssigkeit.

Seine Connection pumpt sich auf dem Bett was rein. Die Finger im schwachen Licht der Nachttischlampe eigenartig fettglänzend und angeschimmelt. Ich spüre, wie mir die halblaute Unterhaltung dieser User einen dicken Hals macht ...

»Hast'n Gramm? Moe Thomas gesehn letzte Nacht?« – »Mit'm Blankoscheck, aus Detroit. Oder Sioux Falls? Ich weiß nicht mehr.« – »Gib mir eine auf Spec. Ich zahl morgen.«

»Nein, ich sag doch ... halb auf Entzug ... ich halt's nicht mehr aus.« – »Reg dich ab, du weißt, ich bin gut für 'n Dime, mindestens ...« – »Mach schon. Und komm bloß nicht mit Flohpulver ...«

Auf dem Dielenboden, Schlafanzug um mich gewickelt, frierend bei 30 Grad im Schatten ...

»Gleich geht's wieder«, sagt er dicht an meinem linken Ohr.
»Danach schaust du nichtmal mehr ausm Seitenfenster ...«
Es ist immer dasselbe. In der Rivington Street, im West
Village, unten in der Delancey, in der Zweiundsiebzigsten, wo
der Kunde, ein Art Director, mit verschämtem Augenauf-
schlag sagt:»Mi casa es su casa ... Shoot me up, will you?«
Ich fand noch eine hauchdünne aber brauchbare Vene an
der Innenseite ihres rechten Schenkels.
»Was haben wir heute – Freitag? Ist heut der Zwölfte? Ich
muß noch meinen Unemployment-Scheck abholen. Beeilst
du dich? Mir ist kalt ...«
Sie muß immer nackt sein, wenn sie sich stechen läßt.
›Ich stach sachte die Nadel ein. Sie zuckte zusammen. Der
Tropfer lief rot an. Ich drückte langsam den winzigen Ballon.
Schaute hoch & sah wie ihre Augen groß wurden. Ihre weißen
Zähne bissen auf die Unterlippe.
Ich zog die Nadel heraus. Sie nahm ihr Bein von der Sessel-
lehne, setzte sich steif auf, übergab sich & sackte zurück.‹
Genau. Und ab damit zum mafiosen Porno-Entrepreneur.

Langsam fällt es mir schwer, mit den Freunden daheim noch
eine Wellenlänge zu finden. Da machen sie auf der Haupt-
straße in Heidelberg einen Sitzstreik auf den Schienen und
protestieren ... gegen eine Fahrpreiserhöhung!
Ich sehe ja ein, daß man klein anfangen muß, aber so tief
unten bei der Ameise?

Brion hat Bill B. ein Hotelzimmer in Marrakesch besorgt. Dort sitzt er jetzt, mit Blick auf die Djema al Fna, futtert Haschisch Cookies und trinkt Tee dazu. Und schreibt ...

»In einem Kreis von Zuschauern sah ich einen rothaarigen Boy in gebückter Haltung, die Hände auf die Knie gestützt. Ein nackter Araberjunge mit einem Lederriemen trat vor. Er faßte den Hintern des Rothaarigen ins Auge, holte aus und schlug zu.

Schon nach dem ersten Hieb war der Hintern des Jungen glühend rot, und nach weiteren Hieben breitete es sich auf den ganzen Körper aus, das Rot schien aus dem verkrampften Hintern in Wellen durch den Körper zu schwappen, der Schwanz richtete sich zitternd auf, der Boy kam hoch, warf den Kopf zurück und ruckte hin und her, unter den Schlägen hämmerte das Blut in seinen Lenden, seine Lippen und Augen verschwammen in einem roten Dunst ...

Man sah jetzt, wie es ihm kam, der Araberjunge schlug immer schneller auf ihn ein, und jetzt kam es auch ihm, aus beiden spritzte es gleichzeitig heraus, der Rothaarige bäumte sich in einer letzten krampfartigen Zuckung auf, und sein Schwanz schnellte nach oben an seinen flachen schweißnassen Bauch.

Den Zuschauern entrang sich ein gedehntes ›Ah ...‹, dann wandten sie sich ab und suchten nach der nächsten Attraktion.«

Wow, und jetzt hebt er ab:

»Auf einem schwarzen Felsblock hockt ein zartgliedriges Wesen mit einem menschlichen Gesicht und lederartigen Flügeln, die es weit ausgebreitet hat und leicht auf und ab bewegt, um das Gleichgewicht zu halten. Aus den Augen des Wesens zuckt es blau heraus. Der Leguan-Boy läßt seinen Bogen sinken. Langsam klettert er den Felsen hinauf. Jetzt steht er vor dem geflügelten Wesen.

Seine Genitalien brennen und jucken unerträglich in dem geilen roten Dunst, der ihn wie ein Hautausschlag überfällt … ›Vuelvete y aganchete, cabrón …‹«

Für Hank sind die Black Panther – bis jetzt – schwarz angemalte Pink Flamingos mit übersteigertem Selbstwertgefühl, die sich für kleine Vergehen zu lächerlichen sechs Monaten verurteilen lassen, um sich als Märtyrer ausgeben zu können.

Er meint ihren kürzlichen Versuch, dreißig Mann hoch, mit Waffen in der Hand, ins Parlament in Sacramento einzumarschieren, wo ein Gesetz beraten wird, das Waffentragen in der Öffentlichkeit verbietet. 6 Monate Knast.

DeLoach in Buffalo (Akademiker und Südstaatler, nicht unbedingt in dieser Reihenfolge) hält sie für hysterische Verlierer, die dauernd Schießereien provozieren wollen.

»Knackarsch plus Waffe plus Ledermontur!« – Jean Genet findet sie irrsinnig begehrenswert.

Das wird hoffentlich nicht das letzte Wort sein.

Sydney, nach einem Konzert von Diana Ross & The Supremes im Garrett Theater:»An so einem Afro kannst du endlos zupfen und machen, bis er in Form ist. Und nach jeder Haarwäsche bist du verzweifelt. Angela Davis wird vor lauter Dienst am Afro nicht mehr zum Promovieren kommen.«

Zum Konzert trägt sie einen weißen Rollkragenpullover und die ausrangierte rote Boxerhose eines Fliegengewichtlers, den sie über ihren Bruder kennt.

Es gibt tatsächlich keinen Winkel in der Factory, der nicht weiß gestrichen ist. Erst Silberpapier an den Wänden, uptown, jetzt Dispersionsfarbe ›pure white‹. »Alles im Raum ist weiß. Nirgends ein Mensch. Nur weiße Instrumentenschränke, Laken, weiß emaillierte Schüsseln und ein weißer Operationstisch. Sie schneiden mich auf.« Eintragung im Terminkalender von Marilyn Monroe, The Waldorf-Astoria, Eldorado 5-3100, 27th Floor, 1955.

›The Braille Film‹. Sein Leben in Manhattan (die anderen Stadtteile sucht er nicht auf), das er als Schundroman konsumiert: Einmal die Woche bekommt er am Zeitungskiosk für 35 Cents ein weiteres Heftchen der Reihe. Die jederzeit abbrechen kann. Streik der Lohnschreiber. Pleite des Verlags. Höhere Gewalt. (*Act of God* heißt es im Juristen-Englisch. How very funny.)

Ende des Monats, bei Vollmond (!), hatte er den einzigen Traum, in dem Deutsch gesprochen wurde. Die Universität, an der er im sechsten Semester Philosophie, Forensik und Science Fiction studierte, war komplett aus Holz. Das Holz war uralt. Angeblich war nirgends ein Nagel verwendet worden.

Die eingeritzten Zoten in den Pulten von Hörsaal 13 und den Tischplatten in den Seminaren waren verquollen und unleserlich. Das abgenutzte Holz war pelzig geworden wie hundertjährige Klaviernoten, die sich nicht mehr umblättern lassen.

Die Professoren, alle kurz vor der Emeritierung, waren Altnazis und trugen das Parteiabzeichen am Revers. Sie verbreiteten sich über Minnesang, Mordmerkmale und ›Myths of the Near Future‹.

Scanlan's Monthly 143 West 44th Street New York, N.Y. 10036

Das linke Magazin läßt im ganzen Land recherchieren, was so alles gebombt wird. Sie planen eine Sondernummer: *Guerilla War in the USA*. Kriegen sie wahrscheinlich nur in Schweden gedruckt. Oder Formosa.

Die Anschläge eines Monats:

1. April, New York: Brandsätze, mit Molotow-Cocktails gezündet, verursachen einen Schaden von 20 Millionen Dollar in den Versand- und Kaufhäusern Montgomery Ward, Gimbel und Bloomingdale.

1. April, New York: Das Gebäude der Musterungsbehörde ›erzittert‹ unter der Detonation mehrerer Dynamitladungen.

4. April, Detroit: Beim Versuch, eine Demonstration aufzulösen, werden Polizisten durch Schüsse von den Dächern verletzt.

4. April, Greensboro/North Carolina: Auf drei Polizisten wird mit halbautomatischen Schrotflinten das Feuer eröffnet; einer schwebt in Lebensgefahr.

4. April, Memphis/Tennessee: Mehrere Polizisten von Heckenschützen unter Feuer genommen; alle werden getroffen.

5. April, Deerfield Beach/Florida: Im schwarzen Ghetto werden Polizisten mit Backsteinen und Schüssen attackiert.

5. April, Tallahassee/Florida: In der Universität wird die Campus-Polizei mit Schüssen sowie Pfeil und Bogen angegriffen.

5. April, Wilmington/North Carolina: Streifenwagen geraten in einen Hinterhalt von Heckenschützen.

5. April, Durham/North Carolina: Ein wegen angeblicher Aufwiegelei relegierter Student setzt ein Verwaltungsgebäude der Universität in Brand. Sachschaden 1 Million Dollar.

5. April, San Francisco County, California: Der dreißig Meter hohe Mast einer Überlandleitung der Pacific Gas & Electric Company wird mit einem schweren Bulldozer umgefahren.

6. April, Dallas/Texas: Ein Sprengsatz detoniert im Polizeipräsidium.

6. April, San Juan/Puerto Rico: Der Fuhrpark der Polizei wird mit Dynamitstangen bombardiert und vernichtet.

Kurz gesagt, es tut sich eine Menge. In manchen Steinbrüchen hat der Diebstahl von Dynamit so zugenommen, daß sie zu Kurzarbeit übergehen müssen.

Und auch das noch: Ein hektographiertes Handbuch für die Stadtguerilla, auf dem Campus in Kalamazoo/Michigan am Nachmittag des 5. April eine halbe Stunde lang verkauft, beschreibt die Herstellung eines *Bangalore Torpedo* (›– besonders wirksam gegen Filialen der Bank of America.‹) Der Bangalore, bekannt aus dem 2. Weltkrieg, ist ein meterlanges Metallrohr, gefüllt mit Dynamitstangen, vorne und hinten verschlossen und mit einem Zünder versehen.

»Next stop is Vietnam … Yippie! We're all gonna die!« Country Joe McDonald.

Sie nennen es den ersten Fernsehkrieg der Geschichte. Ab sechs Uhr früh kommt er zu dir ins Schlafzimmer, Wohnzimmer und Kinderzimmer.

Zwischen den psychedelischen Bildern von explodierendem Dschungel und grellen Schneisen, die von Napalmbomben durch Dörfer oder Bunkeranlagen des Vietcong gelegt werden, erscheint der smarte Lieutenant Colonel und verkündet den Body Count. Die Zahlen der angeblich ausgeknipsten Feinde werden immer abenteuerlicher, und die Korrespondenten verdrehen immer theatralischer die Augen.

Und Alan D. wird seine Fotos kaum noch los. »Zu unappetitlich«, bekam er kürzlich von einer frz. Illustrierten zu hören.

Sein monumentales Bild von einem amerikanischen Bergungspanzer, der einen verstümmelten Asiaten an einem Strick hinter sich herschleift, erscheint in Undergroundzeitungen und sonst nirgends.

Die Geisterbahnfahrt meines Projekts macht mir schon Gleichgewichtsstörungen. Letzte Woche bin ich in einem leeren Raum (im Chelsea; Carol ist umgezogen) an eine Schulter gestoßen. Es war meine eigene.

›Campbell's Tomato Soup Can‹, 1968, silkscreen on colored paper, 38,1 x 25,4 cm. Warum wird das so anstrengend. Ich wage keinen Word Count. Ich schreibe täglich weniger, und doch zehrt es an mir wie ein Parasit.

Seit ich mich nicht mehr bei Parties durchschnorre (die Belegschaft der Factory hat es anderthalb Jahre lang erfolgreich getan; für Essen war kein Geld da), habe ich deutlich abgenommen. Reden wir nicht drum herum: Du bist am Verhungern, Mann!

Also Schluß mit den kalorienlosen Sperenzchen. Der Karton Chicken Chow Mein beim Takeout-Chinesen oben an der Avenue B kostet 95 Cents, getrunken wird kalter Tee, und pro Woche gibt es mindestens einen Ring Leberwurst und ein Sauerteigbrot.»And don't bogart that joint, my friend.«

✿ ✿ ✿

Die Halluzinogendrogen haben den Nachteil, daß weiße Teenager ohne Rhythmusgefühl wie gestörte Hupfdohlen herumeiern und sich von musizierenden Nieten wie Big Brother & The Holding Company (selten doofer Name) betören lassen. Aber der größte Nachteil ist immer noch, daß zu viele Konsumenten zu Axtmördern werden. Neulich wieder einer in der Great Jones Street.

(Nicht so zynisch, Carl, es gibt auch nette Acid Heads.)

»Der einzige, der auf LSD noch Humor hat, ist Timothy Leary.« Paul Morrissey, The Factory.

Zur Lesung von Allen Ginsberg in der St. Mark's Church kommen mehr als tausend Leute. Es gibt keinen Stehplatz mehr. Erstaunlich, wie er seine Nieten genauso gekonnt präsentiert wie das Gelungene. Alles klingt so überzeugend. Wie bei einem Erweckungsprediger.

Der betende Waschbär bleibt uns heute erspart.

Routiniers sind immer ihr Geld wert.

»Wenn Gewalt von oben den Staat überschwemmt, wenn die letzte Prärie kahlrasiert wird für roboterhaftes Wachstum, beschottert & asphaltiert, sechs Fuß tief

Wenn Kids mit selbstgemachten Bomben die sexgeschwängerten Turnhallen ihrer Schulen verlassen

Angewidert von den Fleischknochen der Armee und Finanzwelt

Wenn lippenstiftverschmierte Schmalspurfixer & mistige Zeitungssyndikat-Telexkokser das große Wort führen und

gegen die Falschen hetzen ... Sternenbannersüchtige Natio-
nalflaggen-Ganoven!

Abgasnutten, wild entschlossen auf Superhighways!
Wachstumsraten-Tripster, die Grundstücke in den Everglades halluzinieren! Steakfresser, ausgeflippt vor dem Fernseher, begeistert vom Anblick amoklaufender Pigs!

Für wen kann dann noch Zukunft garantiert werden, es sei
denn für bewaffnete Insekten,

Metallsoldaten mit stählernen Antennen, mit weißen Eier-
handgranaten anstelle von Genitalien!

Spray-Wanzen mit blauen Sichtblenden, gasmaskenbe-
wehrte Legionen in Backstein-Nestern von Waffenkammern!
In Sacramento! Trenton! Phoenix! Miami! ...«

Es tut nicht immer gut zu wissen, was unter dem Asphalt, den
man grade überquert, früher einmal gewesen ist, sonst möchte man keinen Fuß mehr drauf setzen ...

Auf dem Weg von der Duane Street zum City Hall Park
fällt mir ein, daß hier einmal der Negerfriedhof war, auf dem
20.000 Sklaven verscharrt wurden.

Ray ist von der Farm zurück. Er drückt es sich nicht mehr in
die Venen, verbraucht aber Unmengen von codeinhaltigem
Hustensaft.

Er hat sich die Fähigkeit antrainiert, trotz fehlendem
Gebiß hinreißende Lesungen zu geben. Heute abend in Izzy
Young's Folk City.

(Als ein Kontrolleur von der Fürsorge bei Bonnie an die
Tür pochte, mußte er über die hintere Feuerleiter türmen.
Das Gebiß fiel ihm raus und zerschellte unten zwischen den
Mülltonnen.)

»Wie hast du es mit den Makrobioten ausgehalten?«

»Ich hab sie machen lassen und von Bier und Erdnußbut-
ter-Sandwiches gelebt.«

Die Texaco-Tankstelle in Cherry Valley beschäftigt jetzt
einen Veteranen, der ohne sichtbare Kratzer von einer ›Tour‹
(1 Jahr) in Vietnam zurückgekehrt ist.

»Der Tankwart«, heißt es in einem neuen Text von Ray,
»schaut dich an mit seinem starren Tausend-Yard-Blick aus
dem Tal der Schatten. ›Don't you feel‹, he says, ›like a turd in
a tumble dryer?‹ ...« (Fühlst du dich nicht auch wie 'n Batzen
Scheiße innem Wäschetrockner?)

14. Mai   An der Sorbonne und im Quartier Latin machen sie
vor, wie es geht. Pélieu & Beach, zu Besuch bei Freunden in
der Rue Gay-Lussac, geben alle zwei oder drei Tage einen
telefonischen Lagebericht, meistens als R-Gespräch, an
Lawrence Ferlinghetti im City Lights Bookstore, wo Jan Her-
man ab 9 Uhr früh im Office ist – dann ist es in Paris sechs Uhr
abends.

Und Claude Pélieu schreibt die erste von mehreren Rhap-
sodien für den *East Village Other*:

»Die schwarzen und roten Fahnen machen Front gegen
das Frankreich der zugekackten Siebzigjährigen! ...«

Am 17. Mai entwenden fünf katholische Priester die Kartei der Musterungsbehörde in Catonsville/Maryland und verbrennen sie vor dem Gebäude. Mit selbstgemachtem Napalm.

20. Mai   Generalstreik in Frankreich.

23. Mai   Polizeikrawall im Quartier Latin.

Am Tag darauf erscheint Elizabeth Taylor bei Parke-Bernet und ersteht einen 33-karätigen Diamanten für 305 000 Dollar. Weltrekord.

›The Braille Film‹. Der Abgeordnete Powell (Republikaner aus Arkansas), Mitglied im Streitkräfte-Ausschuß, war einmal Deutscher und hieß Pohl. Wir zerrten den Abgeordneten am Dupont Circle aus seiner Limousine, betäubten ihn mit einem Waschlappen voll Chloroform, hievten ihn auf die Ladefläche des Chevrolet Pickup und fuhren mit ihm in das Lagerhaus, wo wir die Verhöre durchführten.

Die Filmdokumente hatten oft eine Länge von mehreren Stunden und wurden zu Schulungszwecken aufgenommen. Verwendet wurden nur die letzten vier oder fünf Minuten mit dem Geständnis – das in vielen Fällen ein Bekenntnis war, denn es wurde mit sichtlicher Begeisterung und strahlenden Augen vorgetragen.

»Ich war noch im Priesterseminar vom Glauben abgefallen und fand meine wahre Bestimmung in der SS. In den Lagern Majdanek und Treblinka war ich zuständig für die Sicherstellung von Goldkronen und Wertgegenständen aller Art.

Außerhalb der Dienstzeit hielt ich mich gewöhnlich bei

den Gaskammern auf, wo ich den Death Moishes Anweisung gab, die Leichen von Knaben in einem Halbkreis vor mir auszulegen. Wenn ich meinen Knaben, indem ich mein Eisernes Kreuz über ihnen schwang, eine Bußpredigt gehalten hatte, habe ich sie bald gelutscht, bald auf den Bauch gewendet und mich an ihnen befriedigt. Oft genügte schon ihr bloßer Anblick, und es kam mir! In langen heißen Spritzern! Unter meiner schwarzen Uniform! Unter jenem bleichen russischen Mond! ...«

Pélieu hat von Jean-Jacques Lebel gehört, daß ein gewisser M'sieu Glucksman mit seiner trotzkistischen Gruppe den Arbeitsdirektor des Renault-Werks in Nanterre ins Klo gesperrt hat und drauf und dran war, die Belegschaft abstimmen zu lassen, ob man diesen Lakaien des Systems an die Wand stellen und erschießen soll.

Waren die alle auf Speed?

Hat DeGaulle wirklich gesagt »La Révolution oui, la Chienlit non«? Mit Revolution meint er wahrscheinlich sich selber.

Robert F. Kennedy auf Wahlkampf-Tour. Sein Haarschopf ist besser als der des nächsten Rivalen. Seine Kinderschar ist uneinholbar. Seine Frau trägt Stiefel und Minirock. Seine Ideen sind überhaupt die allerbesten. Aber was sind sie noch wert, wenn er gewinnt? Der FBI-Direktor (in seiner Freizeit angeblich ein trällernder Transvestit und trotzdem unantastbar) hat ihn wahrscheinlich in der Hand.

Zwischenstand, Ende Mai:

Lynn B. bekommt von ihren Eltern zum Geburtstag einen Tauchkurs auf den Bahamas. Sydney hat sich von einem Latino-Dealer mit Crystal Meth anfixen lassen und ist süchtig. Jim Silver kommt aus Mexico City zurück und hat vor, Börsenmakler zu werden. (Sein Onkel ist es schon, ein stinkreiches Nervenbündel. Die Wall Street wartet ja nur auf solche Junkies.)

Codrescu spricht inzwischen perfekt Englisch und kommentiert die Zustände auf dem Balkan im NPR (National Public Radio). Micheline hat auf der Pferderennbahn in Oakland ein paar hundert Dollar gewonnen und am Tag darauf wieder verspielt. Bukowski hat in Santa Anita zuletzt 850 gewonnen und am nächsten Tag noch nachgelegt.

Gary Yourée ist verschwunden. Margots Bruder wird wegen Folterung von FLN-Fellachen im Algerienkrieg angeklagt.

Für mich gibt es ab 1. Juni kein Geld mehr, aber das I.I.E. tut noch $ 220 für Bücher und sonstiges raus.

4

»The police are looking for me. I shot Andy Warhol. He had too much control over my life.« Valerie Solanas, 3. Juni 1968, 19.45 Uhr, Times Square, New York City.

Für ein Fluxus-Festival in Buenos Aires ein Fünf-Minuten-Tape produziert. Und zwar so: Auf dem Grundig, der je 2 Spuren mit gleicher Laufrichtung hat, kommt Text auf Spur 1, wird auf Kassette kopiert und von dort auf Spur 2 überspielt. Die zwei Textanfänge müssen genau übereinander liegen. Beim Abspielen merkt man erst einmal nichts. Aber nach 15 oder 20 Sekunden separieren die beiden Aufnahmen, weil Grundig und Kassettenrecorder eine minimal abweichende Geschwindigkeit haben, und es hört sich an wie ein startender Düsenjäger. Die Stimme wird gespenstisch verzerrt, sie hebt sozusagen ab, aber der Text bleibt vollkommen verständlich:

Attentat auf Warhol ... Die Waffe war eine italienische Beretta, Pocket-Version, 7,65mm ... Die Ambulanz brauchte eine halbe Stunde ... Bei Einlieferung in die Columbia-Klinik war Mr. W. in so schlechtem Zustand, daß die Ärzte nicht mehr ran wollten.

»Mensch, das ist WARHOL«, sagte Fred Hughes auf der

Bahre nebenan. »Er ist REICH!« *Sofort wetzten sie die Messer.*

John G., ein ehemaliger Boyfriend von Warhol, sagte einem Reporter der New York Times: »Als Fred den Krankenwagen rief, hieß es: ›Wenn wir die Sirene anstellen sollen, kost' es fuffzehn Dollar extra!‹«

»Fünf Stunden«, sagt Ron Tavel um Mitternacht. »Fünf Stunden haben sie operiert. Die zwei Kugeln von Miss Solanas gingen durch die Speiseröhre, beide Lungenflügel, Magen, Leber und Gallenblase. Sie mußten ihn kreuz und quer aufschneiden. Wenn das vernarbt ist, sieht er aus wie Frankenstein.«

(Richard Avedon: Warhols Operationsnarben, s/w, New York, 20. August 1969.)

»Wie kommt die Alte zu einer Beretta?« frage ich Ron.

»Das ist ein teures Gerät ...«

»Sie hat eine Weile mit einem von den Motherfuckers zusammengelebt. Der hatte wahrscheinlich ein halbes Dutzend Knarren unter der Matratze.«

Ansichtskarte von den Bahamas: »Buenos dias. Ich kriege Angstzustände, so oft es tiefer als zehn Meter geht. Vielleicht doch nicht das Richtige für mich. Und meine Libido ist schwer am Verdunsten, du. ... L.«

4. Juni   Am Nachmittag komme ich mit Alans Freundin in den nepalesischen Stehimbiß Ecke 8th Street und Third

Avenue. Der Vegetarier-Treff hat den hirnrissig neckischen Namen *Om sweet Om.*

Am Tresen, etwas fiebrig und spitznasig, sitzt Sydney. Sie schlürft einen Chai, der offenbar ihren pH-Wert reguliert, denn auf Junk hat sie sonst einen eher säuerlichen Atem.

Ich mache die beiden miteinander bekannt.

»Bist du auf Meth?« fragt Carol interessiert.

Und Sid rastet aus. »Nee, auf Crank! Auf Shit! Auf …«

Der Nepalese macht einen unverständlichen Einwand.

Sid: »Shut up, man! I'm not in the mood!«

Sie überlegt. Wo war sie stehengeblieben?

»Auf Ketamin! Auf Fotzen-Spray! Auf PCB! Damit betäubt man Pferde, bevor man sie kastriert! Frag mal deinen Tierarzt!«

Sie macht abrupt kehrt, wirft sich gegen die Schwingtür und verschwindet.

Carol ist blaß geworden. Der Wirt kneift die Schlitzaugen zusammen und atmet schwer.

»Bei diesen Jungs kann man nie sagen, wann sie rot anlaufen«, sage ich, »aber ich geh mal davon aus, daß es bei ihm soweit ist …«

Wir gehen in den St. Mark's Bookstore, der mir noch 24 Dollar schuldet.

»Wieso hab ich dauernd das Gefühl, das Land geht den Bach runter«, sagt Carol zerstreut und nimmt sich einen Golden Delicious aus dem Korb neben der Kasse.

5./6. Juni   Das hat Kennedy nicht verdient. Das ist jetzt die ganz dreiste Tour. Ein zutzeliger Ex-Palästinenser (aber christlich erzogen, in der Altstadt von Jerusalem) und Ex-Stallbursche von der Vista Del Rio Horse Ranch in Corona (östl. von L.A.). Wahrscheinlich hat er in seiner Bude gut sichtbar ein Tagebuch herumliegen, in das er – wie bei einer Strafarbeit (was es vielleicht auch war) – hundert Mal geschrieben hat:»RFK muß sterben!« Wer den für einen nichtprogrammierten Einzeltäter aus gewachsener Überzeugung hält, ist selber schuld.

»Aaaaanything can happen!« schreit der Trickfilmzwerg in der TV-Werbung.

Ed Sanders geht in die Promille. Erstens, die Attentate. Zweitens, Beruhigungsmittel wirken bei ihm nicht mehr. Chemische jedenfalls. Und pflanzliche? Die Antwort kann nur heißen: Hopfen und Malz.

Tagsüber ist er zusätzlich geschlaucht von den Proben zur neuen LP der Fugs (›It Crawled Into My Hand, Honest‹). Daher der Entschluß, seinen Stoffwechsel mit Budweiser zu regulieren.

Das dauert jedesmal Stunden. Und dabei hat er gern Gesellschaft. Drum ruft er abends an und fordert mich auf, mit ihm um die Häuser zu ziehen.

Miriam runzelt die Stirn, hält mich aber insgesamt für einen stabilisierenden Faktor: Bis ein Deutscher von amerikanischem Bier bewußtlos wird, muß viel passieren.

Es gibt kaum ein Lokal im Village, aus dem wir nicht schon nachts um 2 – »zu wie der Arsch eines arbeitslosen Strichers« – gewankt und gestolpert sind. The Annex, Phoebe's, McSorley's, Slugs (aber nur, wenn kein Free Jazz gespielt wird, denn davon wird ihm schlecht); The Red Lion, wo noch krachlederne Mumien vom Black Mountain College herumsitzen, aber auch dagegen macht Alkohol immun; schließlich die Cedar Tavern, wo sich schon Franz Kline und Jackson Pollock die Kante gegeben haben.

Janis ist übrigens auch Biertrinkerin aus Überzeugung. Man sieht sie zwar oft mit einer Flasche Southern Comfort in der Hand, aber wie oft setzt sie die an? Also. Neulich hat ihr, bei einer Party von Electra Records A&R Typen in L.A., ein stinkbesoffener Jim Morrison grob zwischen die Schenkel gegriffen, da hat sie ihm die Hand weggeschlagen und die Empfehlung ausgesprochen, er soll draußen von der Terrasse wichsen. Im nächsten Moment nimmt er Anlauf, soweit es ihm noch möglich ist, und will ihr wie ein Football-Spieler zwischen die Beine hechten.

»Da hat sie ihm die volle Bierflasche übern Kopp gehauen, und danach war Ruhe. Auf Morrison ist sie überhaupt schlecht zu sprechen. Er hat sie mal geknallt und mittendrin eine blöde Bemerkung gemacht. Das war die falsche Message – Janis hält sich für eine Granate im Bett, egal ob mit Mann oder Frau …«

Oft ruft sie Ed schon Minuten später an, wenn sie mal wieder was Berühmtes auf der Matratze hatte. Zu ihrer Sammlung gehört natürlich Jimi Hendrix; dann ein flamboyanter Civil Rights Anwalt in San Francisco; der Schwager von Joan Baez; Seth Morgan, schwarzes Schaf der gleichnamigen Bankiersfamilie, der zur Zeit ihr Heroindealer ist, ab nächsten Monat aber drei Jahre in San Quentin brummen muß; usw.

Mit Ed hat sie den Plan für ein Rock 'n' Roll Klatschmagazin entwickelt, in dem sie sich über ihre Eroberungen auslassen will. Einen Namen haben sie auch schon dafür ...

»*Greta Garbo's Mouth*. Das geht zurück auf die gediegene Anmache, mit der eine gutaussehende Boutique-Besitzerin in San Francisco bei ihr landen wollte: ›Ich wette, dein Schlitz ist so hinreißend wie der Mund von Greta Garbo‹ ... «

»Wow.«

»Sag ich doch. Ich würd's ja gern machen, aber mir fehlt die Zeit. Und delegieren kann man so was nicht. Bedienung! Noch zwei! ...«

Hendrix findet, daß er keine gute Stimme hat – vor zwei Wochen, backstage im Avalon Ballroom. Darauf Ed: »Mensch, du hast ne Stimme wie ein Engel ...«

»Darauf er: ›Also das grenzt es jetzt nicht so doll ein, weißt du. Auch bei den Engeln gibts 'n Haufen Krächzer ...‹«

Unsere Unterhaltungen sind nur scheinbar ziellos. Irgendwann kommt die Kernfrage auf den Tisch: Was läuft eigentlich in diesem Land, und wer dreht daran.

»Bukowski meint, Stallburschen sind zu allem fähig. Und er kennt mehr von der Sorte als die nächsten zehn Menschen, die dir auf der Straße begegnen.«

»In diesem Fall gebe ich ihm nicht recht«, sagt Ed und zerrupft einen Bierfilz nach dem anderen. »Das mit Sirhan-Sirhan hätte so ein riesiger Zufallstreffer sein müssen, das wäre wie eine *Serie* von Sechsern im Lotto. Nein. Niemals. Bob Kennedy konnte vom Mikrofon in drei oder vier Richtungen, okay? Seine Sicherheitsleute gehen nach links voran, da zieht ihn ein Hotelmensch – angeblich der Oberkellner – am Ärmel halb rechts durch einen Vorhang in den Seitenraum einer Küche, wo Kühlschränke stehn und Gestelle mit reingestapelten Tabletts: Und ausgerechnet in dieser abgelegensten und unwahrscheinlichsten Ecke wartet Sirhan auf ihn!

Nein, ich wette, der Hotelmensch war jemand, den dort niemand kennt, und Sirhan war abgerichtet. Hat sich ja anschließend auch benommen wie ein halber Zombie.

Und mit einer Kaliber 22 im Hosenbund kommt er durchs ganze Hotel, bis da rauf? Nie im Leben. Nicht, ohne daß er geschleust wurde von ein bis zwei sehr offiziell wirkenden Begleitern, zum Beispiel mit gefälschten Secret-Service-Ausweisen.«

»Wenn du Ted Kennedy wärst, was würdest du als erstes wissen wollen?«

»Ob dieser Sirhan leicht hypnotisierbar ist.«

»Hm.«

»Ich hab dir doch erzählt von dem Mann bei der Rand

Corporation, der manchmal eine Bemerkung fallen läßt. Ginsberg kennt ihn auch. Der behauptet, er weiß von einem Hypnotiseur, der sich zutraut, jedes leicht hypnotisierbare Subjekt in zwei oder drei Monaten einsatzfertig abzurichten.«

»Aber nicht zum Attentäter ...«

»Nicht zum Attentäter, sondern zum Patsy. Zum Sündenbock. Der am Tatort ist, auch ein paar Schüsse abfeuern darf – und sich anschließend voller Überzeugung zur Tat bekennt. Aber der Fangschuß kommt von einem anderen.«

Ich weiß jetzt, warum Gary verschwunden ist: Er ist im Untergrund. Seine Ex-Freundin Florence, die heute in der 7th Street einen Laden für handgefertigte Kinderkleidung aufmacht, hat ihn kurz vor seinem Abtauchen in Redondo Beach (ein Badestrand von L.A.) getroffen.

»Genausogut könnte er auf dem Bauch in ein Tunnelsystem des Vietcong kriechen«, sagt sie und wirkt sehr deprimiert.

Eine Kampfansage am Ende eines Kommuniqués, veröffentlicht in Chicago, an die Adresse des FBI-Chefbeauftragten für Linkenhatz: »Versuch nicht, uns zu finden, du Hund. Wir finden *dich*.«

In Selma, Alabama kommen Schwarze, darunter einige arrivierte, am Jahrestag des ›Bloody Sunday‹ über die Edmund Pettus Bridge. LBJ hat damals »den Neger« zum Sieger des Tages erklärt. In 30 Jahren wird man in der Zeitung lesen:

»Das Elend der schwarzen Bevölkerung ist noch dasselbe, nur die Straße heißt jetzt Martin Luther King Street.«

Ich darf nicht mehr jeden Shit konsumieren, der mir angeboten wird, und anschließend blühenden Nonsens wie diesen notieren, als wäre mir im Downer-Tran der große Durchblick eröffnet worden:

»Die Wolken an der Decke des großen Lesesaals sahen nicht mehr aus wie braune und violette Vorgebirge mit einer Lagune dazwischen, sondern wie nasser Papiermüll, auf den ein überfahrener Hund geblutet hat ...«

In einem Treppenhaus der New York University (ich bin hier immatrikuliert, aber ich mache nichts, weil mir die Fulbr. Comm. eine Research Grant gegeben hat, die ich gar nicht beantragt hatte) – jedenfalls, im Treppenhaus kommt mir Sydney entgegen.

»Ich hab meinen ersten vaginalen Orgasmus gehabt! Das ist das Größte! Für mich gibt's nur noch hetero!« usw.

Sie ist jetzt auf MDA, in Hippiekreisen als ›Liebesdroge‹ bekannt. Da weiß man eigentlich nicht so recht, ob man jubeln soll oder nicht.

Ich bin unterwegs zum Dean of English, der mir was schreiben soll, daß mir das Visum bis 31. Dezember verlängert wird. Weil ich noch etwas Wichtiges zu recherchieren habe. In San Francisco.

Postkarte aus Köln: »Plane mit Paik und Mauricio Kagel

ein 5-TAGE-RENNEN in einer Tiefgarage. Love, VOSTELL.«

In Papua-Neuguinea brauchen sie keinen Friedhof, weil sie ihre Toten essen. In Manhattan brauchst du, um der Überdrehtheit und beginnenden Paranoia eine Auszeit abzutrotzen, erst mal 3 Quaaludes. Die machen dich anderthalb Tage weg, danach geht's wieder. Meine Handrücken haben braune Flecken, meine Nasenspitze ist weiß und wird täglich spitzer, und die Nasenflügel beben nicht mehr, wenn ich wütend bin, denn sie sind gelähmt von Chemie. Die Entscheidung zwischen essen und 3Q fällt immer leichter. Und wenn der Geist so richtig leer ist, kriegst du Hunger nach noch mehr Paranoia.

›The Braille Film‹. Hinter der Duane nahmen wir im letzten Tageslicht eine Abkürzung durch den Sklavenfriedhof. Ein blinder ungarischer Fotograf ließ seine Farb-Dias auf eine Hauswand projizieren: ›Kinder rösten Marshmallows über einem verkohlten Nigger, aus dem noch kleine Flammen züngeln. T. Egerszegiy, 1968‹. Steht das wirklich da? Ein alter Onkel Tom, im Dienst der Stadtreinigung, fegt vermodertes Laub vom letzten Herbst zusammen. Maskierte Teenager sausen auf Rollschuhen die Allee herunter, jeder mit einer blutigen Machete in der Hand und frischen Skalps am Gürtel. Der Junge am Lagerfeuer vor dem Standbild von Simon

Legree hat einem Sagokäfer die Beine ausgerissen und hält sich das surrende Insekt vor den Mund.

Minderjährige Crank-Nutten in Handschellen, Opfer einer Razzia im City Hall Park, Sydney kahlgeschoren und mit Nasenbluten mitten unter ihnen, werden von Polizisten in einen gelben Schulbus geprügelt und abtransportiert. Ein merkwürdig jugendlicher Padre schwenkt sein schmiedeeisernes Kruzifix über einem frisch überfahrenen Hund.

19th Nervous Breakdown. Leute, die vorher nur vergnügungssüchtig waren, sind jetzt hysterisch geil auf Sex und Rausch und Blackout, am besten alles auf einmal. »The Sky's the Limit« war mal eine Parole von militanten Schwarzen, jetzt ist es zum Motto der Swinger-Party verkommen.

Lynn, die in Ann Arbor (Michigan) einen Fuß in der Tür hat, aber noch kein Vollstipendium, meidet U-Bahn, Bars und Szenekneipen, und Aufreißern mit flackerndem Blick geht sie weiträumig aus dem Weg.

Die Droge, die garantiert kirre macht, heißt STP (vermutlich wieder etwas aus der Tierarzt-Praxis). Für Betuchte wird der Kokain/Heroin-Mix (›Goofballs‹) interessant. Demnächst haben sie ihre Spritze gleich an einem Goldkettchen um den Hals hängen.

Und ich bin versessen darauf, mir täglich die Sätze abzudestillieren.

Wie sagt man »eigentlich« auf Englisch? Adorno jetzt mal herhören: »The Fuck«. Beispiel: Was glaubst du eigentlich, was du machst? The fuck ya think ya doin'.

Allein für diesen bildungsmäßigen Distinktionsgewinn hat sich die Knete, die das I.I.E. für mich ausgibt, schon gelohnt.

Bei der Trauerfeier für seinen ermordeten Bruder in der St. Patrick's Church hat Ted Kennedy so vehement gelogen, daß beinahe die Kerzen ausgingen:

»Mein Bruder war ein einfacher Mensch, der Leiden sah und sie zu lindern suchte; der Unrecht sah und trachtete, es zu beenden ...« Amen.

(Burroughs: »Scumbags, the whole bunch of them« – lauter schmierige Drecksäcke.)

»Er sieht grauenhaft aus«, sagt Russian Mary nach einem Besuch bei Andy W. im Krankenhaus. »Er sieht aus wie eine Leiche auf Urlaub. Vielleicht wird er für den Rest seines Lebens so aussehen.«

»Garantiert.«

»Ich finde, es macht ihn interessanter.«

»Ich auch.«

»Gerry«, sagt sie zerstreut und stochert in ihrem Obstsalat, »hat schnell zwanzig Mille gebraucht, da ist er in Rom zu einem Siebdrucker ...«

»Laß mich raten: Er hat einen Warhol hergestellt und der Prinzessin Ruspoli angedreht.«

»Nein, so ner andern adligen Schicki-Mutti …«

»Er war bei der Beerdigung von Donatella und hat für mich eine Calla-Lilie auf den Sarg gelegt.«

»Eine Lilie! Danach kommt ja schon die Sonnenblume …«

Christoph S., Anwalt in Mainz, mit dem ich drei Jahre das Programm des Filmklubs an der Uni Heidelberg gemacht habe (unser Einstand war ›Shadows‹ von John Cassavetes), bestätigt mir, was bisher nur privater Argwohn war: Nazi-Juristen, die man wieder in den Staatsdienst eingegliedert hat, tun sich jetzt hervor bei der Verfolgung von jugendlichen Rockern usw., die ihnen und ihresgleichen unangenehm auffallen. Und bei der ›Aktion Saubere Leinwand‹.

»Weltkrieg mit zig Millionen Toten angezettelt, Juden und Zigeuner fabrikmäßig vernichtet usw. usw., aber im Vergleich zu den Siegermächten sind wir einwandfrei die sittlich-moralisch überlegene Nation. Ach und noch was: Zwei Drittel der leitenden Positionen im Bundeskriminalamt sind besetzt mit SS-Männern.«

In der Souterrain-Wohnung des Hauses Nr. 4 am St. Luke's Place wird die blinde Audrey Hepburn von Gangstern terrorisiert. Aber: ›Warte, bis es dunkel wird‹ – dann ist sie im Vorteil. Toll. Während Redford und Jane Fonda unter den Kastanien des Washington Square einen überflüssigen Dialog nach dem anderen abliefern müssen (›Barfuß im Park‹).

Für Hollywood ist die Welt immer noch ein liebreizender

Ort, wo es nicht belanglos genug zugehen kann und die blinde Hepburn sich nie den Möpp anstößt. Jedenfalls nicht in der Fassung, die ins Kino kommt.

Carols Bruder hat es als Anlageberater zu einem gewissen Reichtum gebracht. Wenn man bei ihm in der 12. Etage durch die Tür kommt, in der Park Avenue South, sieht man nichts als Marmor. Und gleich links ist eine kleine Besenkammer, in die der Labrador reinscheißen darf.

Der Bruder – er ist so abschreckend kreativ und fokussiert, daß ich mir nicht mal seinen Vornamen merke (Gipper? Guppy? Gordon?) – empfiehlt, von den politischen Realitäten unbeeindruckt, voll in die Erdöl-Exploration *vor der Küste von Vietnam* zu gehen.

Was schreien sie in Berlin? »USA – SA – SS«? Die SA sitzt im *Kanzlerbungalow*. Schon vergessen? Ihr Nullinger. Penetranter geht's doch nicht mehr.

Und was *hier* an der Macht ist, dagegen ist die SS ein Karnickelzüchterverein.

Diese Hinterbänklergermanistenkniefickerbrigade, die in Zwölferreihen untergehakt den Kudamm langtrabt – ein Exzess von Peinlichkeit.

Außer Cohn-Bendit weiß doch keiner, was er sagt. Krahl vielleicht noch, aber dann fällt schon der Vorhang.

Ich sollte hier in die Illegalität verschwinden. Ich will gar nicht mehr zurück in das scheiß Land. Die sind doch alle verblödet, weil sie von Kannibalen abstammen.

›The Braille Film‹. »Ich habe ein Verfallsdatum auf der Stirn«, sagte er eines Abends, als er mit Lynn vor der Bar de la Marine saß, »und deshalb schreibe ich meine Restexistenz als Fortsetzungsroman. Unter dem Motto ›Leben und sterben in Marseille‹.«

»Wieso das?«

»Weil es mir lieber ist als *Leben und sterben in Heidelberg.*«

Wenn du ein paar hundert Stunden Berichterstattung aus Vietnam gesehen hast, in full color; wenn du zigmal den Polizeichef von Saigon gesehen hast, wie er den gefesselten Vietcong mit dem karierten Hemd auf offener Straße mit der Dienstpistole killt; wenn du schon wieder den südvietnamesischen Fallschirmjäger zu sehen bekommst, wie er dem auf die Knie gezwungenen und von zwei Mann festgehaltenen Gefangenen den rechten Fuß mit dem Springerstiefel voll ins Gesicht kickt – wenn du es gesehen und gesehen hast, vor dem Bildschirm, aus den Augenwinkeln, in einem beschissenen Traum, und selbst noch vor dem leeren Bildschirm in der halben Stunde Sendepause vor den Sechs-Uhr-Frühnachrichten, bist du reif für die Käfersammlung im Museum of Natural History.

Ich mag diesen Robert Crumb, von dem jetzt Karikaturen und kurze Comics im *East Village Other* erscheinen. Er haßt

Blumenkinder, es sei denn, sie lassen ihn ran; er haßt Rockstars und Psychedelic Rock und Be-Ins und Love-Ins und Hippieklamotten und Blumen im Haar und den ganzen Rummel um Timothy Leary und Bob Dylan und Swami Satchidananda und Hare Krishna. Er liebt alte Schellackplatten von vergessenen Bluessängern, er zeichnet am liebsten Girls mit dicken Waden und noch dickeren Ärschen (oft stark behaart) und herausfordernd erigierten Brustwarzen, und gleich sein erster LSD-Trip hat ihm bestätigt, daß er seit frühester Kindheit richtig liegt mit der Vermutung: Amerika ist ein Irrenhaus.

»God damn the Pusher Man …« Wer singt das – Steppenwolf? Ray käme es nie in den Sinn, so etwas zu sagen. Selbst der Pusher, der dich linkt, muß nicht verdammt werden: Man kann ihn durch zwei Jungs von der Delancey Gang abstrafen lassen, damit er wieder spurt.

Eher könnte man dem Arzneimittelhersteller etwas an den Hals wünschen. Aber warum? Der Stoff ist doch überwältigend. Und oft sogar ein Zufallsergebnis: Bayer (Leverkusen) hat um die Jahrhundertwende Heroin erfunden – und in Anzeigen als Mittel gegen Schnupfen propagiert.

»Wow«, sagt Ray, »und *wie* das gegen Schnupfen geholfen hat!«

Ein Heer von schniefenden Süchtigen zu produzieren, die alle abhängig sind von deinem Produkt – der Traum jedes Pharma-Unternehmers. So lange, bis ihn die Mafia aus dem Markt drängt.

Jan ist aus San Francisco gekommen, weil er sich um seine Schwägerin kümmern muß, die wegen Eheproblemen mit Selbstmord droht. Wie sich herausstellt, ist sein Bruder schlechter dran als sie, deshalb kümmert Jan sich um ihn, und ich übernehme Consuelo, die Ehefrau.

»Wie haben sie dich in der Schule genannt?«

»Na wie wohl! Conny!«

»Um gotteswillen.«

»Du sagst es.«

Da ich pleite bin, lasse ich mich von ihr zu zwei oder drei Drinks im Odessa einladen.

»Warum willst du dich umbringen?« frage ich, nachdem wir angestoßen haben.

»Das sag ich nur, damit er sich überlegt, wie er mit mir umgeht. Selbstmord! Seh ich so aus?«

»Du siehst aus wie eine appetitliche Latina, ich weiß nicht wie lebenslustig, aber wahrscheinlich geil auf Action und gleichzeitig grundanständig – das ist immer ein Problem, aber da muß man durch.«

»Si. Tengo sentimientos muy elevados. Was bin ich froh, daß du nicht mein Psychiater bist.«

»Ich auch. Was macht dich denn kirre, abgesehen von deinem Mann?«

»Schnaps.«

»Ah.«

»Ja.«

Das lassen wir so stehen.

Im *RAT*, einem Anarcho-Blatt, bringen sie heute was von Leary oder Jodorowsky und morgen wieder einen Bericht von ihrem Mann an der Front. Er ist der jüngere Bruder des Herausgebers.

Brother Frederick, von seinen Männern Bro' Fred genannt, studierte im 3. Semester Theologie, als er eingezogen wurde. Jetzt ist er in der Phu Bai Combat Base, 34 Meilen südlich der Entmilitarisierten Zone. Ein Himmelfahrtskommando ganz nach seinem Geschmack.

Seine letzte Depesche begann damit, daß er seinen Freund Rafter aus einem Hubschrauber klettern sieht. Rafter ist bei einer rückwärtigen Versorgungseinheit gewesen, d.h. er war ein verachteter REMF (Rear-Echelon Mother Fucker) und hat durch beharrliche Insubordination erreicht, daß er zur kämpfenden Truppe strafversetzt wird.

Vor einem geräumigen, sehr fachmännisch gebauten Bunker sitzen einige LURPs beim Waffenreinigen. Sie reinigen Waffen, die sie auf ihren Patrouillen so gut wie nie benutzen – jeder Schuß würde sie verraten. Long Range Patrols sind oft tage- und wochenlang draußen und kommen manchmal nicht mehr zurück. Wenn sie – stark dezimiert – aus dem Dschungel zurückkommen, dann deshalb, weil es ihnen gelungen ist, beinahe alles zu killen, was in sie reingelaufen ist, so daß man nicht mehr ausweichen konnte. So lange es irgend geht, bringen sie den Feind mit ihren rasiermesserscharfen Combat-Messern um. Oder mit bloßen Händen.

Sie haben den gefürchteten starren Tausend-Yard-Blick,

der einen körperlich trifft wie ein waagerecht fliegender Eiszapfen. Die korrekte Art ist, ihnen auszuweichen und zwar mit gesenkten Augen.

Der Bunker der Militärpolizei ist von einer Mörsergranate getroffen und halb abgedeckt worden. Zwei mißmutige Landser reparieren ihn in Zeitlupe.

Der diensthabende MP, in voller Montur, steht in der brütenden Hitze davor und macht ein finsteres Gesicht. Der Discjockey im AFN (Armed Forces Network) hat angesagt: »Heute sind es nur 35 Grad im Schatten ...« Kleiner Scherz, denn es gibt keinen Schatten auf dem kahlgeschossenen Hügel von Phu Bai, also sind es eher 45.

Dem MP stinkt es, daß er hier schwitzen muß, während die Grunts mit nacktem Oberkörper herumstelzen. Manche sind nur mit einem umgehängten Patronengurt und einem naßgeschwitzten Sackhalter bekleidet. Aber alle haben ihre Schnürstiefel an den Füßen. In Flipflops läuft nur der Kompaniechef herum. Im Moment tut er es nicht, weil der Schlamm knöcheltief ist.

»Stehnbleiben«, sagt der MP. Dann, zu Rafter: »Neu hier? Dann füllst du mir gleich mal fünfzig Sandsäcke. Oder ich reiß dir den Arsch auf.«

Bro' Fred: »Einen Scheißdreck wirst du. Der Mann gehört zu mir. Er ist bloß 'n Lance Corporal, also kriegt er seine Befehle von *mir*.«

»Irrtum. Negativ. Ich bin *Sergeant*.« Der MP greift tatsächlich an seinen Kragen und läßt das Rangabzeichen in der

Sonne funkeln. »Also isses Befehlsverweigerung. Ich bring den Kameraden vors Kriegsgericht.«

In Bro' Fred ist es mittlerweile am Kochen und Brodeln. »Du quergefickte Drecksau«, zischt er. Er rammt das Magazin in seinen Karabiner, lädt durch und drückt dem Feldwebel den Flash Suppressor in den Bauch.

Der MP reißt die Augen auf. Er weiß, wann er einen Irren vor sich hat. Mit erhobenen Händen zieht er sich zurück.

»Das war dein Ernst, hm?« sagt Rafter. »Du hättest abgedrückt.«

»So was fragt man nicht. Die Lektion hier draußen heißt: Du wirst, was du tust. Wenn du das begriffen hast, verstehst du auch alles andere. Und wenn du deinen ersten bestätigten Kill verbuchen kannst, willst du hier nie mehr weg.«

Wahrscheinlich hält man es nur aus, wenn man angibt wie zehn nackte Neger.

Wahrscheinlich hält man es auch dann nicht aus.

Nachdem DeGaulle, auch wenn ihm das Kortison schon aus den Ohren kommt, noch einmal gesiegt hat – Vive la choucroute à l'ancienne –, ist Pélieu endgültig bedient:

»Wir sind verseucht von Geschichte, verstrahlt von der Dummheit der anderen und unserer eigenen, und das einzige, was uns noch verbindet, ist Haß, Gewalt und Angst.«

Und Burroughs schreibt an einem jugendverderberischen Roman, der von jungen homosexuellen Killer-Schamanen handelt, die dank übergelaufener CIA-Forscher eine Möglichkeit entdeckt haben, sich durch Ableger fortzupflanzen (»Wie die Erdbeeren, mein Lieber …«) und damit unausrottbar zu werden. In der Westsahara löschen sie gleich mal ein amerikanisches Expeditionskorps aus.

Kolumbus hatte keine Ahnung, was er da anrichtet. Der Kommantsche, der dir einst das Messer reingestochen hat, konnte sich noch auf sein Hausrecht berufen. Nach seinem Tod war auch damit Schluß.

Seit 1492 arbeitet dieselbe beschissene Mentalität zäh und verbissen daran, den Kontinent in Grund und Boden zu verhunzen. (Roll over, de Tocqueville)

Burroughs sieht es, wie so oft, noch einen Tick schwärzer: »Amerika ist kein junges Land. Es ist alt und dreckig und bösartig, und das war es schon vor den Siedlern und vor den Indianern. Das Böse ist seit jeher da und liegt auf der Lauer.« (›Naked Lunch‹)

Nicht nur das, er weiß auch, wie man aus einer Hämorrhoiden-Mixtur von Speiseöl, Phenol und Opiumtinktur die Karbolsäure rauskriegt:

»Man schöpft das Öl ab, dann hält man das Zeug in einem Löffel über eine Gasflamme. Damit brennt man das Phenol raus. Dann hat man die Tinke, puro, und der Fix bringt dich 24 Stunden über die Runden.«

Ray hat es ausprobiert und schwört darauf.

Den Kerl, der angeblich ML King erschossen hat, haben sie am Londoner Flughafen festgenommen. Die ganze Zeit war er für das FBI unauffindbar, ja? Oder sie wollten ihn nicht finden. Schon wächst das erste Gras über die Sache, jetzt darf Scotland Yard Amtshilfe leisten. Wieder so ein Rätsel, das keines ist.

Jan ist in Queens aufgewachsen und hatte dort einen Klassenkameraden namens Art Garfunkel. »Die Mädels haben ihn angehimmelt. Wir fanden das unbegreiflich. Sieht er nicht aus, als hätt' er eine Billigperücke auf? Und wenn er mit seiner Engelsstimme loslegt, pißt du dir am linken Bein runter.«

Er ist schon so lange an das lässige Leben in San Francisco gewöhnt, daß er New York City innerhalb weniger Tage zum Kotzen findet. Grimmig notiert er, daß hier sogar die Hippies schon durch und durch verdorben sind. Letztes Jahr hieß es noch: »Haste ma büschn Kleingeld?« Jetzt stellen sie dir nicht mal mehr den Betrag frei. »'n Dollar, ey!«

Ron Tavel liest aus seinem Tanger-Roman. Der Ich-Erzähler ist ein 17jähriger maghrebinischer Stricher.

»Das kein très bon trabajo, weil Tanger nix j'te kiff ma soeur wie früher, dig. Pero ab'n zu treff ich Turistas wo nett un' gebe plenty beaucoup un' hastu feine Zeit mit. (Hab ich, *cheh*, gelernt gut Englisch screwing brittisch Sailors …)«

Hysterisches Gelächter und Tirilieren im Black Gate Theater.

Jan wird blaß, als er das Interieur und die Speisekarte unserer Naked-Lunch-Cantina sieht. Ron erzählt bei einem Éclair plus Muckefuck mit Süßstoff, wie er zum Titel seines Erfolgsstücks ›Gorilla Queen‹ kam:

»Ich war mit Harvey bei ner einsneunzig großen Transe zum Essen eingeladen. Anschließend nimmt mich die Trampel beiseite und sagt – aber so, daß Harvey es hören kann: ›Sag mal, dein Bruder rülpst und schmatzt bei Tüsch, ähm, also mir wäre das pein...‹ Da fährt ihm Harvey dazwischen – ›Von ner Gorilla-Schwuchtel wie dir brauch ich mir nichts anzuhören!‹«

Kurz vor zehn dem Haiku-Maurer begegnet. Er war unterwegs zu einem Open Reading. Sie geben keine Ruhe, diese Poetaster.

Gestern hat er ein UFO gesehen. Direkt über der Verrazano. Mhm. Rette sich, wer kann.

Trotzdem sollte man nicht vergessen, daß der 1. Sowjet-Kosmonaut, wie hieß er noch, im März bei einem ganz normalen Flugzeugabsturz umgekommen ist. Das kann jedem passieren. Auch dem UFO-Käpt'n, der glaubt, er könnte nächtelang unbehelligt über der Verrazano-Brücke schweben.

Jan und Ed und Henry und Higgins (und Hunter Thompson), also praktisch alle, gehen davon aus, daß nach dem erstickten und erschlafften Pariser Mai weltweit die Luft raus ist. In Tokio. In Mexico City. In Berlin sowieso. Aber nicht im Land des größten Erregungspotentials. Hier heißt es immer seltener »Power to the People« und immer öfter »Kill the Pigs!« Und ich werde mich neu definieren müssen – als Katastrophentourist.

»In der Bleecker Street treffe ich Freunde, die mich ansehen, als wüßten sie etwas, was ich nicht weiß. ›Rocco und seine Brüder‹ sagen mir, daß manche noch schlechter dran sind als ich. Ich will's nicht hören. Ein Basketball fällt durch den Korb. Und mir fällt ein, daß sie im Living Theater wieder eine Razzia hatten, in der 14. Straße …« (Bob Dylan, 1963)

Das Living Theater, nach fünf Jahren Exil in Europa, tourt jetzt mit ›Paradise Now‹ durch Kalifornien, teilfinanziert von Jim Morrison. Soviel man hört, wird mehr geschrien denn je, von den Akteuren wie von empörten Bürgern im Publikum.

›Schade, daß du nicht im Bauch seiner Mutter warst, als sie von den Nazis vergast wurde. Dann hätten wir jetzt einen jüdischen Krebserreger weniger, der das moralische Klima in Amerika vergiftet.‹ Leserbrief an Ralph Ginzburg, Herausgeber der Zeitschrift *Avantgarde*.

Wenn man, aus Notwehr zugemüllt mit chemischen Substanzen, im Central Park unter einem Baum im Gras liegt, kann man sich einbilden, das tägliche Disaster Movie sei weit weg – die 50 Paar Kampfstiefel mit nichts darin, zur Trauerfeier aufgereiht in Dak To; die drei oder vier schwarzen College-

Studenten, mit Bajonettstichen der Nationalgarde ins Krankenhaus eingeliefert in Jackson, Mississippi – aber es ist natürlich wie immer ganz nah und wird in Midtown von NBC und CBS für die nächste Nachrichtensendung aufbereitet. Wer sich der Abstumpfung verweigert, kann eigentlich nur »den Krieg nach Hause holen« und seine Lebenserwartung verkürzen.

Aldous Huxley starb am Tag des Attentats auf John F. Kennedy. An Krebs. Auf LSD.

Das Rezept stellte er sich selbst aus: *LSD, 100 mg, intramuscular.*

Am Tag der Vorwahl in New Hampshire hat der Pressemensch von Nixon einen Journalisten gesucht, mit dem der Kandidat auf der Fahrt zum Flugplatz über American Football fachsimpeln kann. Die Wahl fiel auf Hunter S. Thompson.

In der Limo stellt sich heraus, daß Nixon ein manischer Erbsenzähler ist. Er weiß sogar ödeste Belanglosigkeiten von drittklassigen College-Ausscheidungsspielen.

Auf dem Vorfeld stehen Nixon und Hunter T. vor dem linken Propeller, vertieft in jenseitigen Stuß – und Thompson raucht eine Zigarette nach der anderen, während der Pilot mit gesträubten Nackenhaaren auf und ab geht.

»Eine winzige Kerosinpfütze hätte gereicht«, sagt Jan, »und Hunter wäre unsterblich geworden als der Selbstmord-Attentäter, der den gierigen Versager aus San Clemente, den rachsüchtigen Shitbird aus dem Nichts mit in den Tod genommen hat … Ein Jammer, daß Kennedy nicht mehr verhindern kann, daß das absolute Geschmeiß und Gesindel ins Weiße Haus geschwemmt wird.«

The Murr nimmt tatsächlich eine Auszeit vom Absurden Theater und betreibt einen Escort Service, mit Gewerbeschein und allem, in einem Loft uptown, einen Block südlich vom legendären all-night Cheyenne Diner (»since 1942«).

Die Besonderheit ist, daß seine Studentinnen – fast alle vom schicken Barnard College – nach einem Drink bei *Sardi's* mit ihren Freiern zum Loft zurückkommen. Dort gibt es zwei Schlafzimmer mit Puffspiegeln, durch die man von draußen reinsehen kann.

In einem Nebenraum warten Spanner, bis es wieder soweit ist, und zahlen 50 Dollar fürs Zusehen.

»Letzte Woche hat ein ältlicher Buchhalter-Typ von Suze verlangt, daß sie ihn, während sie auf ihm reitet, als stinkende galizische Drecksau und weiß-ich-was beschimpft. ›Du verschimmelter Golem! Rotznäsiger Untermensch!‹ Hier geht's absurder zu als in jedem Theater … Ich glaube, ich muß mal wieder ein Stück schreiben.«

Die Girls haben wohlklingende Namen; ich weiß nicht, ob echt oder erfunden: Patricia Lee, Suzanne Livornese, Virginia Cunningham, Deborah Salazar, Marie Sutton, Francesca Anderson.

»Mein Sexualtrieb kühlt ab, mein revolutionäres Bewußtsein läuft heiß«, sagt Lynn auf ihrer Abschiedsparty. »Ich seh da einen Zusammenhang.«

Genau. Hat nicht Dora Brillant (»Gebt mir eine Bombe. Ich muß sterben.«) einen Monat vor der Aktion mit dem Fasten angefangen und enthaltsam gelebt?

Ich könnte jetzt Wilh. Reich zitieren, aber ich lasse es.

Sie kann meine Gedanken lesen.

»Und komm mir nicht mit Wilhelm Reich. Der hatte bekanntlich eine Schramme am Hirn.«

»Trotzdem schade«, sage ich. »Du bist ne Wucht im Bett.«

Sie verdreht die Augen und mixt sich einen Highball.

Ray ist da, Ron und Mary, Carol, Jim Silver ... Gegen drei Uhr morgens sind alle zu oder platt. Bis auf Ray. Den macht so leicht nichts satt. Heute sieht er aus wie Robert Ryan bei seiner gefürchteten Naßrasur in ›Crossfire‹ (1947).

Lynn hat die Haare seit einer Weile kurz, mit angedeutetem Rechtsscheitel. Sie trägt oft einen umgearbeiteten schwarzen Herrenanzug mit Nadelstreifen. Und eine Ballonmütze wie der Anarchist Kaljajew beim Anschlag auf den Großfürsten.

Ihr Gewissen ist erstens rein, zweitens in Aufruhr.

»In diesem Land kannst du heute nur ehrlich werden, wenn du Front machst gegen den Schweinestaat.«

In Ann Arbor sind sie stark politisiert. Da will sie mitreden und agitieren.

Mir verbietet das State Department jede politische Äußerung. Und bezahlte Arbeit darf ich auch nicht annehmen. Eigentlich eine Schnapsidee. Das zwingt mich ja in die Illegalität.

»Ich hätt' schon Lust«, sagt sie jetzt und wirft einen Blick in die Runde, »aber ich will nicht, daß ringsum geschnarcht und gefiept wird. Komm, wir schleifen alle ins Badezimmer. Nein, wir tun's heut abend, wenn ich vom Boxtraining komme.«

Wenn die grausige Wochenschau über uns kommt wie eine ungarische Plotte des Jahres 1950, hilft kein Pfeifkonzert. Der Vorführer im Roxy kann uns nicht hören. Er hat den Job nur bekommen – und nur angenommen –, weil er taub ist für Verwünschungen jeder Art. Und blind für alles, was seinen Schlaf stört. Er ist, und so weit kommen die wenigsten, ein Träumer des Absoluten.

Mit der IRT-Linie nach Norden, abends um halb elf. Fünf weiße Teenager mit Tattoos fallen über einen dunkelhäutigen Typ her, der besser gekleidet ist als wir anderen. Sie schlagen ihn zusammen, treten ihn in eine Ecke des Waggons und stülpen ihm die Taschen nach außen.

Der Zug hält, weg sind sie. Der Dunkelhäutige (Fidschi? Bengalen?) bewegt in Zeitlupe die Hand zu der Platzwunde über dem linken Auge. Blut auf schwarzer Haut sieht merkwürdig künstlich aus.

✻✻✻

›Der Film in Worten‹ wird Brinkmann sein Nachwort zur ACID-Anthologie nennen. Übersetze ich ihm jetzt den langen Text von Harry Matthews? Steht kaum ein normales englisches Wort drin. Aber was ist heutzutage schon normal.

La Pelicula en Palabras.

»La cucaracha la cucaracha«, singen die Kids auf der Straße, »ya no puede caminar! Por que no tiene, por que le falta ... marijuana por fumar!«

Ja, ich gebe zu, ich lasse mich anstecken von der gereizten Stimmung, die in der lauwarmen verbrauchten Luft liegt.

Nachts um zwei. Mit Jan auf dem Heimweg von Slugs. Ein Rico verstellt uns den Weg und macht eine häßliche Bemerkung auf Spanisch. Bingo: Es ist einer von den beiden, die mich vor der Haustür abkassiert haben. Im nächsten Augenblick hat er meine Faust in der Magengrube und knickt in den Knien ein.

Wir bringen ihm Prellungen und Blutergüsse bei und lassen ihn liegen. Ich verschwinde eh aus der Gegend, also kann ich mir damit nicht schaden.

Ginsberg, wieder von einer Lesereise zurück, d.h. Reklame für die gute Sache, »fighting the good fight« usw.

»Es fällt mir immer schwerer zu glauben, daß das alles eine Illusion sein soll. Die kosmische Sicht der Dinge kannst du als Bewohner von Alpha Centauri haben, aber nicht hier. Gewaltlosigkeit ist eigentlich auch nicht mein Ding ...«

»Du bist exponiert. Du hast keine Wahl. Du mußt den Mahatma geben ...«

»Ich seh zuviel Scheiße. Zuviel Paranoia. Zuviel Haß. Es macht mich krank.«

Als er das erste Mal sagte: ›Ich hoffe, wir verlieren diesen Krieg‹, schrie einer aus dem (studentischen) Publikum: »Dich haben sie vergessen zu vergasen!«

›The Braille Film‹. In Midtown sind manche Verkaufskästen der *New York Post* mit gefälschten Exemplaren gefüllt.
»McNamara: Libanon und Jemen – Präventivkrieg!« ...
»Parasitäre Astronauten übernehmen Hollywood-Studio« ...
»Labyrinth alter Nazi-Wochenschauen: Kunstereignis?« ...
»Psychedelische Shock Troops von amphibischen Helikoptern über den Kratern von Radio City abgesetzt« ...
»Geheime Voodoo-Zeremonien westlich von Hanoi« ...
»Luxuriöser Fallout von patriotischer Scheiße zerlegt Marlboro Country« ...
»WHAM TV brings you the NOW News the News that stays News the Now-or-never News the Whole News and Nothing But the News the Cut-and-dried News the Good the Bad and the Ugly News! The NOW SOUND of the News the Boob Tube News the Gruesome Ooze Blues that is or isn't News the What's-the-use News turn 'em loose oh shit what am I saying Fuck the News! ...«

Da läuft jetzt einiges aus dem Ruder. So muß man das wohl sehen.

›Beliebte Trickfilm-Figur kandidiert für den Kongress.‹ Das Nadelöhr, durch das wir die Epidemien des Mittelalters besichtigen, schließt sich, und als nächstes verschwindet die Zukunft.

Im Jahr 2000, wenn nicht schon früher, wird die Menschheit ausschließlich in der Gegenwart leben und sich für die Zukunft nicht mehr interessieren.

Was ist Raum? Was ist Realität? Die Wahl eines drittklassigen Schauspielers zum Gouverneur von Kalifornien beweist, wie leicht es geworden ist, einer Realität eine andere aufzudrücken.

Der pathetische Bullshit, den die ersten Astronauten von sich geben, ist der Beweis, daß die NASA inzwischen der größte Produzent von Fiction ist. (Wird es Hollywood nie lernen?)

Der Weltraum ist ein Ort, wo Menschen zu Stars werden. In der Realität werden Menschen ersetzt durch ›Stars‹, und seien es Trickfilm-Stars.

Der Assistant Editor des *San Francisco Earthquake* mustert die Teilnehmer seines Creative-Writing-Kurses an der Free University in New York.

»Ihr habt die beiden Stories von Michael Herr und William Burroughs gelesen, die im Augustheft von *Esquire* erscheinen. Ich erwähne nebenbei, daß das meiste, was dort drinsteht, auch von euch sein könnte, wenn ihr rechtzeitig Augen und Ohren aufgesperrt hättet.

Also. Was ist in Song My vorgefallen? Die Ergebnisse –«

°°° Man hat schon wieder so eine Distanz, am Morgen danach, und von den Leichen, die sie am Ende der Landebahn gestapelt hatten, behält man nur ein undeutliches verwackeltes Bild ::::: Einer der Gooks war Sanitäter, er war über seinem Blechkasten zusammengesackt und gestorben, ein G.I. drückte ihm mit dem Stiefel den Oberkörper hoch, steckte ihm eine Zigarre zwischen die Zähne und machte ein Foto davon ::::: Der Lieutenant gab mit seinem rostigen Revolver das Zeichen zum Aufbruch und verschwand mit seinem zerlumpten, von Krankheiten gezeichneten Trupp zwischen den Bäumen.

°°° Und die Toten stapelten sich bald danach, ganz wörtlich zu verstehen, denn sie nahmen Platz weg, im rückwärtigen Teil eines Büros in Washington, das von einer Amazone mit einer MAC-10 in der Hand bewacht wurde ::::: Die Empfangsdame schiebt ein Fläschchen Nagellack von sich weg und sagt mit einem dünnen Lächeln:»Da hinten im Flur sehn Sie das ganze schaurige Ausmaß, eh, das geht einem voll an die Nieren ::::: es ist, als würde man eine Story lesen von jemand, der eine Story liest mit dem Titel ›Manchmal pustet es sie einfach weg‹, und manchmal kommt einer von der Wachmannschaft ins KZ zurück und erkennt nichts mehr wieder, weil sie mit Flammenwerfern drübergegangen sind ...«

°°° Der Lieutenant kickte zwei Drähte aus dem Funkgerät hinten im Jeep, klemmte sich die Zigarre zwischen die Zähne, beugte sich herunter und rauchte sie an den prasselnden

Funken an ::::: Ein G.I. schrie einen gefesselten VC an, dem sie den Schwanz an ein Feldtelefon angeschlossen hatten. »Jetzt ruf ich dich nochmal an, okay? Mal sehn, ob du jetzt kapierst, du ...« Der Rest geht unter in den gellenden Schreien des VC.

°°° Es gab welche, denen nicht mehr zu helfen war, und sie starben mit jenem saugenden Geräusch, das entsteht, wenn man eine Illustrierte zuklappt und auf den Tisch der Empfangsdame zurücklegt, nachdem man eingesehen hat, daß sich aus den Bruchstücken keine verständliche Story mehr zusammensetzen läßt.

°°° »So ist es«, sagte der Wachposten. »Wenn Sie mir also folgen wollen ...« Die Straße überwuchert von Unkraut und Farnen, der Beton bröselig wie mürbe Lava, übersät von vermoderten Ausrüstungsgegenständen eines Expeditionskorps, und am Ende der Landebahn ein von Skorbut gezeichneter Lieutenant mit einem verrosteten Revolver in der Hand ::::: »Man kann noch sehen, wie es passiert ist« ::::: Halb im Boden versunkene Granatwerfer-Stellungen, die Straße teilweise weggespült von reißenden Überschwemmungen, die Toten penibel aufeinander geschichtet, als wäre jedes Paar vom nachfolgenden so plaziert worden ...

Dr. Lilly nennt es »total immersion«. Experimente mit Sinnesentzug. In Miami, glaube ich. Ein Tank, körperwarmes Salzwasser drin, und wenn sie die Luke schließen, existiert man in völliger Dunkelheit und verliert als erstes das Gefühl für die Umrisse des Körpers. Das ist sehr unangenehm, und selbst hartgesottene Naturen verlangen nach wenigen Minuten schreiend ihre Freilassung.

Als Verhörmethode wird es angeblich noch nicht genutzt. Es wäre jedenfalls unaufwendiger als der z. Zt. von Sadisten bevorzugte Hubschrauberflug. Für den braucht man immer zwei Gefangene: Einer wird aus 400 Metern abgeworfen, und während er wild rudernd in die Tiefe stürzt, fängt der andere an zu reden. Auf einer Lichtung zwanzig Meilen westlich von Dak To hat Alan D. wochenlang mit einem teuren Teleobjektiv auf so eine Gelegenheit gelauert. Das Foto, das unweigerlich den Pulitzer-Preis einbringen würde, ist ihm nicht gelungen.

Es drängt sich der Eindruck auf, daß ich in New York seit einem knappen Jahr einen Selbstversuch in Total Immersion mache.

Ob ich noch so funktioniere wie vorher, ist sehr die Frage. (Ob ich es will, auch.) An den Rändern franse ich schon aus, das steht fest.

Es verschafft mir aber auch Erfolgserlebnisse. Seit meiner zweiten Woche in der Stadt beherrsche ich das fehlerfreie Navigieren im U-Bahn-Netz. Und finde mitten in der Nacht, zu Fuß, in einem anspruchsvollen Zickzack, unfehlbar vom Chelsea bis zu meinem Backsteinbau in der sechsten Straße – ein Trip von gut einer Stunde.

An manchen New Yorkern gefällt mir das Illusionslose und Lebensverneinende. Mit denen kommt man prima aus. Ohne es ihnen nachtun zu müssen.

Henry, zum Beispiel, Architekt (nicht praktizierend) und Bildhauer, Sohn des Vizepräsidenten der Bank of New York; teuerste Schulen besucht, usw. Sein Defätismus hat lukullische Qualitäten – er formuliert ihn phantasievoll und druckreif.

»Was produzieren sie da draußen? Wegwerf-Historie. Kaum eine politische Entscheidung, deren Halbwertszeit nicht nahe bei Null liegt. Es sei denn, sie schicken 540 000 GIs in einen nichterklärten Krieg in Fernost. Das liefert zehn Jahre Stoff für weitere Entscheidungen. Bei denen sie alle wie Getriebene agieren. Und es jedesmal noch mehr Tote gibt.

Am Ende gewinnt der mit der verlogensten Exit-Strategie. Also Nixon. *Peace with honor*! Fuckin' A, man.«

»Wir mußten das Dorf zerstören, um es vor dem Vietcong zu retten«, sagt ein Armeesprecher in Saigon. Die wenigsten stoßen sich an so einem Satz. Der infolgedessen viele Nachkommen haben wird. Und am Ende schrillt der Trickfilm-Giftzwerg auf allen Kanälen: »*Aaaaanything goes*!«

›Nichts ist wahr, alles ist erlaubt.‹ Hassan ibn Sabbah, der Alte von Alamout, Chef der ersten Selbstmordattentäter-Truppe, 1092. Das Pentagon könnte schlechtere Maximen zur Rechtfertigung des eigenen Tuns finden.

»Komm, Crumb, willste nicht beliebt sein bei den Mädels? Laß dir die Haare wachsen, zieh dir so'n Hemd mit Rüschen an, lern Bambusflöte spielen. Und laß die krasse Brille weg.« Janis Joplin zu Robert Crumb, der ihr das Cover von ›Cheap Thrills‹ gezeichnet hat.

Die LP erscheint im September. Miss Joplin hat die Absicht, zu dem Zeitpunkt in Kathmandu zu sein. Ihre Plattenfirma hallt wider von Schreikrämpfen.

Manchmal wünsche ich mir die Probleme von Bukowski … »Gestern habe ich nicht nur auf der Rennbahn verloren, sondern ich bin auch noch im Wohnzimmer! *barfuß*! in einen Dosenöffner reingetreten! *Ich kann nicht mal erfolgreich ein Zimmer durchqueren*! … Auf Schritt und Tritt (…) sucht das Unglück meine Nähe! Ich bin ein Gezeichneter! …« Und das Schreiben macht er mit links.

Für Abdruckgenehmigungen wird auch der Galerist gebraucht. Roy L. – »Ich sage Leo Castelli Bescheid, und er bestätigt es euch.«

Es geht um die Verwendung von Lichtensteins griechischer Tempelruine auf dem Cover von *SF Earthquake #4*. Die halb zerfallene Vorderfront des Tempels sieht bei ihm noch kaputter aus als in der Wirklichkeit. Als hätte man sie in voller Größe mit Pappmaché nachgebaut. Genau das, was wir suchen: Das amerikanische Imperium spielt seit längerem in der Angeberkulisse eines billigen Gruselfilms. Boris Karloff steht mit einer klobigen Laserpistole zwischen den Säulen des Kapitols und zischt: »Thuck it up, mu'fu'!«

Ich habe mindestens drei Fluchtversuche aus New York geschrieben. Alle scheitern. (Einer endet in einem Frontalzusammenstoß.) Beim bisher letzten fahre ich mit Jim Silver mitten in der Nacht in einem schwarzen Ford Galaxy 500 durch den Holland Tunnel. Der Wagen gehört uns nicht. Wir zahlen am Anfang der Jersey Turnpike und fahren in der nächsten Tankstelle an eine freie Zapfsäule. Zwischen mir und dem Tankwart entspinnt sich folgender Dialog:

»Voll. Normal.«

»Die Karre braucht Super.«

»Von mir kriegt sie aber bloß Normal.«

»Tja. Mir doch egal.«

Eher unwahrscheinlich, dieser Dialog. Warum soll ich die Gans killen, die ich grade geklaut habe? Aber so ist das mit Texten, die man aus dem Gedächtnis rekonstruieren muß, weil man vergeblich die Wohnung auf den Kopf gestellt und nach ihnen gesucht hat.

Da es elend kalt ist, geben wir ein besseres Trinkgeld als sonst. Und werden zu einem heißen Kaffee eingeladen. (Herrje, wie oft waren wir schon hier? Jede Einzelheit ist bis zum Überdruß vertraut.) In der Bude des Tankwarts ist es bullig heiß. Wir nippen, schlürfen und dösen vor uns hin. Der Tankwart geht ab und zu raus, um einen Fahrer zu bedienen.

›Und so vergingen die Jahre ...‹

Für Kalifornien brauche ich Geld. Andy Brown vom Gotham Book Mart interessiert sich für die Originalmanuskripte der Beiträge in der letzten Nummer meiner Zeitschrift, plus Fotos und Briefe der Autoren. Er zahlt 500.

Für 300 Dollar *key money* (Abstand) gebe ich das Apartment an einen Rothaarigen mit Mops weiter, der von Harvalt Realty akzeptiert wird. Die Kaution bekomme ich zurück und überweise sie an Margot in Paris.

Die Strecke NYC-Frisco reißt mich nicht groß rein. Es gibt Autos, die überführt werden müssen. Jan ruft zwei Agenturen an und findet etwas Passendes:

»Chevy Stationwagon, Hausrat hinten drin, hundert Dollar Kaution, sechs Tage Zeit.« Ich vergesse zu erwähnen, daß ich nur den Motorrad-Führerschein habe.

Die ganze Zeit hieß die Parole: Nichts wie weg hier. Jetzt ist es so weit, und plötzlich will ich nicht mehr.

Ein Jahr reicht, um hier Wurzeln zu schlagen. Man flucht über die Zustände und vertraut darauf, daß sie die Stadt nicht vollends herunterwirtschaften. Irgendwie kommt man zurecht, also bleibt man da. Und bei gutem Wetter, einem knalligen Film im Bleecker Street Cinema, einem Drink plus Avocado-Salat im River Café – ist man sogar froh darum.

Außerdem, habe ich hier nicht ganz gutes Zeug geschrieben? Wenn ich abergläubisch wäre, würde ich mich nicht vom Fleck rühren.

Joe's Pizza Parlor (»We're back!«), 29. Juni 1968.

Letztes Treffen mit Ed und Miriam im Annex. Ed will nächsten Monat bei der großen Demo in Washington mitmachen; dann hat er mit den Fugs einige Konzerte in Europa, und Mitte August geht's zum Yippie-Showdown nach Chicago.

»Daley (Bürgermeister von Chi) droht schon damit, daß er den Gouverneur dazu bringt, uns mit MG-Stellungen an sämtlichen Ausfallstraßen zu stoppen ...«

Wir rufen Paul im Lennox Hill Hospital an (Kehlkopfkrebs). Er will wissen, ob die Nationalgarde schon vor seinem Küchenfenster in der 7. Straße biwakiert. »Nein? Kommt noch.«

Ray ist bei Verwandten in Hoboken und versucht zum x-ten Mal einen Entzug.

Jemand hat die Idee, Carl Solomon in der Bronx anzurufen, dem Ginsberg sein ›Howl‹ gewidmet hat. Seit er auch bei der lokalen Polizeiwache als leicht spinnerter Bürger gemeldet ist (sein Persilschein von der Nervenheilanstalt lautete auf »Spaltungs-Irresein, vom paranoiden Typus«), kann er in der Cafeteria auch mal mit Kartoffelsalat werfen oder draußen ein paar Passanten anfallen.

»Naja, ein bißchen. Als Spinner hat man's nicht leicht. Für mich wird es nie eine richtige Schonzeit geben. *Aw shucks ...* mein Bruchband juckt.«

I SAW THE BEST MINDS OF MY GENERATION DESTROYED BY MADNESS ...

›Ich sah die besten Köpfe meiner Generation zerstört vom Wahnsinn, hungrig hysterisch nackt, wie sie im Morgengrauen sich durch die Negerstraßen schleppten auf der Suche nach einer wütenden Spritze ...‹

Und Carol ist in Bangkok. Ein letzter Versuch, Alan zum Aussteigen zu bewegen. Einen knipsenden Adrenalin-Junkie, mit einem Jahrhundertkrieg vor der Linse; als menschliche Hasenpfote geschätzt von Landsern, die Gefangene foltern und Heroin aus dem Gewehrlauf rauchen –»Hey, Al ... heut lassen wir wieder auf uns schießen. Komm mit, du bringst uns Glück ...«

Am frühen Morgen holen wir am Battery Park den Wagen und verschwinden durch den Holland Tunnel. Wir werden uns am Steuer abwechseln, und ich werde die Hälfte der 5300 Kilometer ohne Führerschein quer durch den Kontinent fahren, aber der Leichtsinn der Jugend ist ja bekannt.

Der Vorführer im Roxy hat genug gesehen. Er spult nicht mehr zurück. Er knipst das Licht aus und geht.

To: William S. Burroughs, Esq.

8 Duke Street, St. James, London S.W.1

United Kingdom

....

Waikiki Ebbtide Motel (»Don't Banzai that joint, Mu'fu'...«)

8. XII. 68

Ende des Monats muß ich zurück nach Frankfurt, wo sich der häßliche Deutsche und der häßliche Yankee traditionell die Klinke in die Hand geben. Alte Nazi-Wochenschauen wabern als Konfetti durch die Flure des Amtsgerichts, und die halbe Landtagsfraktion der Liberalen besteht aus ehemaligen Parteigenossen von Hair Hittlrr. Das reicht schon als erster Eindruck.

Auf die Gefahr, daß ich an den Abgasen aus der Fresse von Polizeistaatshygienikern ersticke, werde ich mich weiter umsehen in der alten Heimat, diesem verseuchten Puff, in dem der Schwarze Tod auf 16 Kanälen gleichzeitig sendet, und das seit 1349.

»Diese 60-Karat-Fotze von der alliierten Truppenbetreuung (er meint Marlene Dietrich) macht mir jetzt schon Schwindelanfälle!« bellt ein Kriegsgewinnler durch die Korridore von Brenners Parkhotel in Baden-Baden.

»Wir lassen euch auf eine leere Leinwand sehen, und

davon kriegt ihr schon Zuckungen«, sagt einer von der Police Parallèle.

Sechzehn Monate schleppe ich die Idee schon mit mir herum. Soll ich jetzt damit ins Studio? Soll es die nächste Demo auf der Telegraph Avenue sein? Die Lightshow im Avalon Ballroom? Soll ich die Wahnidee ausreizen, ich könnte Parolenschreier über stroboskop-gekoppelte Verstärkeranlagen synchronisieren bis zum Tod von All The Words You Are? Und dann damit auf Tournee gehn, meint Jeffrey Beach. Die haben doch schon verloren.

Die Japaner, um auch das noch zu sagen, machten ihren Anflug über den Diamond Head, zwei Meilen südöstlich von hier, und schossen unterwegs ein einmotoriges Sportflugzeug ab, in dem der Police Commissioner mit seiner ukrainischen Nutte unterwegs war. Die Uhr am Aloha Tower stand auf 7:10.

Es ist unklar, ob Pélieu es noch einmal schafft. Sein neuer Pusher ist ein staatenloser Ungar, der auf einer Schaluppe im Hafen haust, schräg gegenüber von Pearl Harbor. Vor drei Tagen hat er Claude dazu überredet, sich auf hoher See ins Schlepptau nehmen zu lassen. Als unser Franzose soviel Wasser geschluckt hatte, daß er nicht mehr um Hilfe rufen konnte, haben wir ihn nur noch mit knapper Not wieder an Bord hieven können, weil er so schwer ist und wir zuviel Fahrt machten. Die japanische Frau des Skippers rollte währenddessen ungerührt das Sushi zum Fünf-Uhr-Tee. Der Ungar ist einer von der schweigsamen Sorte. Wenn ihm jemand dumm kommt, macht er nicht erst den Mund auf, sondern schlägt gleich drauf. Seine Augen lassen schon sehr nach. »Fahr ich eben nach einem Logbuch-Cutup a posteriori«, sagt er. »Eh die beste Art sich zu orientieren auf diesem scheiß Ozean.«

Man merkt überall, daß es zu Ende geht. Der abgestandene Geruch von schlechten Joints und verbrauchtem Bindegewebe in allen Krankenzimmern zieht einen runter wie Zement in den Stiefeln. Ich mußte ins obere Stockwerk, wo die meisten Scheiben geborsten sind, um es mir in der verlassenen Schwesternstation in die Vene zu pumpen. Neben dem Telefon steckte in einem Blumentopf voll Sand und Zigarettenkippen ein halb abgefackeltes Hawaii-Fähnchen.

Der Nervenarzt ist der letzte, der noch die Stellung hält. Auf sein Tourette-Syndrom angesprochen, reagiert er sehr ungehalten. »Wieso? Bin ich vielleicht Veterinär?«
All die kleinen Four-Letter-Tierchen, die ihm in der Kehle herumwuseln und darauf warten, in die Windstille über der Kalakaua Avenue entlassen zu werden. Koch's own Children, wie er sie nennt. Claude hat sich zu seinem Beschützer ernannt und nimmt ihn manchmal ins Old Heidelberg mit. Hat er dir von seiner Sucht-Theorie berichtet? Zum Brüllen.

Honolulu, soviel steht fest, hat uns ein schlecht gefälschtes Rezept geschrieben. Es war ein Fehler, San Francisco zu verlassen und hierher zurückzukehren, wo alle im Tran sind und nicht einmal vor Strychnin zurückschrecken.

»C'est vide. Il n'y a personne, dans ce désert de machines à écrire«, steht auf dem Blatt, das Pélieu grade in der Maschine hat.

Flackernde Cuts. Aus dem Vorführapparat schnalzen Kringel von Zelluloid, auf denen nichts mehr zu sehen ist.

»Wir zwingen euch, auf eine leere Leinwand zu sehen. Ihr lernt es auch noch, stramm zu stehn vor der Shakespeare-Schwadron aus dem All.«

THE END

exquisite corpse

Carl Weissner
MANHATTAN MUFFDIVER
Roman

**Carl Weissner ist eine lebende Legende, *Manhattan Muffdiver*
beweist erneut, warum.**

»Heißer Scheiß!« — Fritz Ostermayer, ORF
»Für Freunde von polemischer und gewitzter Prosa ein Muss!« —
ORF, ZIB
»Das ist die richtige Einstellung.« — Sean Penn
»DER aktuelle New York-Roman.« — SWR
»Ein verstörender Fiebertraum.« — ZEIT online
»Ein saukomisches Sudelbuch.« — Junge Welt
»Dieses Buch ist eine Sensation!« — ROLLING STONE

Ein desillusionierter Westdeutscher, der in seiner Wahlheimat
New York an einem autobiografischen Buch arbeitet, verliert mehr
oder weniger freiwillig die Fähigkeit, in seinem Alltag zwischen
Realität und Fiktion zu unterscheiden. Drohend verschieben sich
die Koordinaten. Selbst ein harmloser touristischer Abstecher
kann dazu führen, dass man zum Lunch im Bistro Balthazar einen
Nekrophilen am Tisch hat. Und genau auf diesem Terrain fühlt der
Autor sich zuhause.

**Weissner, immer gut für ein klares Wort zur sozialen Lage,
nutzt die Gelegenheit zu polemischen Ausfällen gegen den Lite-
raturbetrieb der wuseligen Stilblüten-Fabrizierer auf beiden
Seiten des Atlantischen Ozeans.**

ISBN 978 3 85286 189 0

exquisite corpse

Toby Barlow
SCHARFE ZÄHNE
Roman
Mit einem Vorwort von Carl Weissner

**Barlows international gefeierter Debütroman ist die
»Göttliche Komödie« des 21. Jahrhunderts: ein bissiges, durch
und durch lebendiges Stück Literatur.**

»Romeo and Juliet, werewolf-style.« — Wall Street Journal
»Toby Barlow hat nicht nur einen guten Horrorroman geschrieben. *Scharfe Zähne* ist auch so etwas wie eine dunkle Ideengeschichte der Populärkultur des 21. Jahrhunderts. Schlechte Nachricht für Traditionalisten: Werwölfe sind heutzutage gegen Sonnenlicht immun. Wir sind schließlich in Kalifornien.« — DER STANDARD
»Tremendous ... As ambitious as any literary novel, because underneath all that fur, it's about identity, community, love, death, and all the things we want our books to be about.« — Nick Hornby, The Believer

In seinem international gefeierten Debütroman zeichnet der Autor ein düsteres Bild der Stadt Los Angeles und vereint die Coolness von Noir-Krimis mit antiker Mythologie. Er koppelt eine berührend aufrichtige Liebesgeschichte mit dem Porträt einer Stadt, die voller Träume und Albträume steckt.

ISBN 978 3 85286 181 4

exquisite corpse

Iain Banks
DIE WESPENFABRIK
Roman

»Die Blechtrommel« meets »American Psycho«
Die Wespenfabrik – ein hypnotischer Bastard von einem Buch!

Protagonist Frank Cauldham, 16 Jahre alt, lebt mit seinem wahnsinnigen Vater in einem vereinsamten Haus im schottischen Hochland. Abseits familiärer Behütetheit entwickelt Frank seine eigene Fantasiewelt der Grausamkeiten und der Bestrafungen, eine von Ritualen und Totems bestimmte Gegenrealität. Als sein in eine geschlossene Anstalt abgeschobener Bruder ausbricht, um die Geheimnisse seiner Familie zu lüften, droht Franks Weltentwurf endgültig aus den Fugen zu geraten, hat er doch mittlerweile drei Morde begangen …
Iain Banks' Debütroman »Die Wespenfabrik« ist eine wilde, zornige Mischung aus der »Blechtrommel« und »American Psycho«. Teils psychopathologische Innenansicht eines jugendlichen Killers, teils schwarzhumorige schottische Familiengeschichte, wurde das Buch bei seinem Erscheinen 1984 gleichermaßen bejubelt und bekämpft. Wollten die konservativen Kritiker darin nur eine Gewaltorgie sehen, so erkannte ein sensibleres Publikum das erste Werk einer starken erzählerischen Stimme vom Schlage eines Alasdair Gray oder einer A. L. Kennedy.

ISBN 978 3 85286 174 6

Bibliografische Information Der Deutschen Bibliothek
Die Deutsche Bibliothek verzeichnet diese Publikation in der
Deutschen Nationalbibliografie; detaillierte bibliografische Daten
sind im Internet über http://dnb.ddb.de abrufbar.

Anmerkung des Autors: Das New Yorker Nachtjournal ist eine
Mischung aus Fakten und Fiktion. Die Fiktion ist im allgemeinen
leicht zu erkennen. Die Inhaltsangabe des Stücks von Ronald Tavel
(S. 81) ist z.b. frei erfunden. Ich habe sie Ron damals am Telefon
vorgelesen.»Interessant«, meinte er.»Ich könnte das als meine
Hardcore-Version ausgeben, die man mir mit Aufführungsverboten
blockiert.« (1996)

»Shower« wurde ursprünglich für Warhols Lieblings-Star Edie
Sedgwick geschrieben. Miss S. lehnte es ab, die Hauptrolle zu übernehmen. Zuviel Text.

Dank an Ed Sanders, dessen Buch»1968. A History in Verse«
(Santa Rosa, Calif., Black Sparrow Press: 1997) unverzichtbar ist für
jeden, der über das Jahr 1968 in den USA etwas wissen will.

Umschlaggestaltung: Jörg Vogeltanz, www.vogeltanz.at
© 1967, 1968, 2011 Carl Weissner
© der dt. Ausgabe: Milena Verlag 2011
Milena Verlag, exquisite corpse 9
A–1080 Wien, Wickenburggasse 21/1-2
www.milena-verlag.at
ALLE RECHTE VORBEHALTEN
ISBN 978-3-85286-214-9

Der Verlag dankt Thomas Balhausen und Sabina C. Zeithammer